上海高校服务国家重大战略
出版工程资助项目

学术出版的知识服务研究

聂 静 著

上海科学技术文献出版社
Shanghai Scientific and Technological Literature Press

图书在版编目(CIP)数据

学术出版的知识服务研究 / 聂静著. —上海:上海科学技术文献出版社,2020
出版传媒教育改革与前沿理论出版工程
ISBN 978-7-5439-8184-3

Ⅰ.①学… Ⅱ.①聂… Ⅲ.①学术工作—出版物—图书出版—研究—中国 Ⅳ.① G237

中国版本图书馆 CIP 数据核字(2020)第 182123 号

上海高校服务国家重大战略出版工程资助项目

责任编辑:孙 嘉
封面设计:袁 力

学术出版的知识服务研究
XUESHU CHUBAN DE ZHISHI FUWU YANJIU
聂 静 著
出版发行:上海科学技术文献出版社
地　　址:上海市长乐路 746 号
邮政编码:200040
经　　销:全国新华书店
印　　刷:常熟市人民印刷有限公司
开　　本:650mm×900mm 1/16
印　　张:15
字　　数:194 000
版　　次:2021 年 5 月第 1 版 2021 年 5 月第 1 次印刷
书　　号:ISBN 978-7-5439-8184-3
定　　价:58.00 元
http://www.sstlp.com

"出版传媒教育改革与前沿理论出版工程"总序

文化发展战略不仅关系到中国特色社会主义事业"五位一体"的整体布局,也关系到中国社会的文明进步和中华民族的伟大复兴。现阶段重点是提高我国文化整体实力和竞争力,推动文化事业全面繁荣、文化产业快速发展,实现建成社会主义文化强国的宏伟目标。这也是新的历史时期特别是"十三五"期间我国文化发展的方向。上海出版印刷高等专科学校积极参与国家的文化发展战略,申报并获批建设"出版传媒教育改革与前沿理论"上海高校服务国家重大战略出版工程项目,这是一个重大机遇。该项目建设对于推进学校的教育教学改革、提高人才培养质量、提升教师科技服务能力、推进学科专业建设、促进出版传媒业转型升级、建设区域文化高地,都具有重要意义。

"出版传媒教育改革与前沿理论"重大战略出版工程项目首批由五本专著构成,包括两本高职教育改革专著和三本出版传媒学科理论探索论著,选题围绕学术研究的热点问题展开,体现了实践前沿和学科专业领域理论前沿的研究成果。著者均具有博士学位和较好的学养,是相关管理实践与理论研究领域的专家。专著的成稿还基于教育部人文社科研究项目、上海市教委科研创新重点项目以及博士后研究项目的支持,有效地保障了该工程的出版质量,实际上是多课题研究的集大成者。

专著《国家骨干高职院校建设的理论与实践》围绕师资建设、校企合作、专业建设、社会服务、教学改革、管理改革等主题,对国内骨干高职院校建设的理论与实践研究进行了充分论述，并重点分析了上海出版印刷高等专科学校国家骨干高职院校建设取得优异成绩的经验与特色，提出了我国重点高职院校后骨干建设时期的改革建议，为提升高校办学水平、更好地促进人才培养提供了有价值的指导。

专著《高职院校现代教育治理体系建设的理论与实践》针对"多元参与"这一高职院校现代教育治理体系建设特征，分析了高职院校现代教育治理体系建设的目标指向与运行机制、学校章程建设、人才培养改革、师生权益保障、国内外经验，剖析了上海出版印刷高等专科学校作为上海唯一一所实施现代大学制度建设试点的高职院校的改革探索经验，为高职院校教育治理结构的优化、人才培养质量的提升提供了有益借鉴。

专著《网络危机舆情演化仿真与沟通问题研究》针对新媒体环境下危机沟通的研究主题，聚焦互联网空间中无组织异质群体对危机事件的感知行为，探讨了网络危机舆情热点的形成及演变机制，从复杂适应系统的视角入手，对网络危机舆情演变进行多主体建模仿真研究，采取情景模拟、系统参数空间搜索等方法对模型进行分析，结合仿真方法及案例分析，研究成果能为组织在危机状态下的沟通策略提供决策依据。

专著《图书在线评论对销售绩效的影响机制研究》针对大数据背景下线上图书消费者的购买行为特征，采用在线评论文本挖掘方法和计量统计模型等，分析了在线评论的不同维度特征对图书销售的知晓效应、说服效应影响，以及图书类型等其他因素对在线评论与销售绩效关系的调节效应影响，依据分析结论提出了图书在线评论营销策略，为出版企业进行市场洞察和制定营销策略提供有益的理论指导与实证依据。

专著《学术出版的知识服务研究》以用户的知识需求为切入点，在分析学术出版机构知识价值链、学术出版机构与用户之间的知识供应链、用户自身的知识价值链的基础上，设计构建了集知识管理、增值、服务于一体的学术知识营销服务平台，并评价论证出最优的功能模块、运行机制、支撑环境。从知识链的角度展开分析，为研究学术出版的价值，增强学术出版知识服务的可行性、有效性提供了有价值的参考。

根据出版传媒业转型发展对于学校科技服务及人才培养提出的新要求，上海出版印刷高等专科学校当前正在推进以提升办学层次、建设"特色性应用技术型本科院校"为目标的改革实践。"出版传媒教育改革与前沿理论"重大战略出版工程项目的实施，是学校开展相关改革探索的重要载体，也是深化理论研究的平台。衷心希望上海出版印刷高等专科学校通过承接国家和上海市更多的类似项目，加强教育改革深层次问题研究，推进行业发展共性与前沿问题的探索，营造更好的学术研究氛围，务实推动学校的师资建设、办学水平再上新台阶，为提高出版传媒人才培养质量，推动上海国际文化大都市建设，推动我国出版传媒业的转型升级做出新的更大贡献！

全国人民代表大会教育科学文化卫生委员会主任委员

柳斌杰
2016.4.6

前　言

学术出版作为一种专业出版，如何在数字转型升级赛中赢得先机，是本研究想要探讨的问题。在对知识进行全方位加工和知识传播、增值的过程中，学术出版机构充当了学术信息集成和传播的载体、学术成果形成和转化的中枢，满足着社会各阶层不同层次的知识性需求。日新月异的信息技术为广大学术出版用户获取专业学术性资源提供了便利，也为学术出版的知识传播提供了有力支持。资源的极大丰富推动了用户个性化需求的不断提升。为了实现精准有效的知识传播，学术出版需要向数字化知识服务发展的目标更加清晰。在开放创新、开放科学的大背景下，学术出版机构一定要密切关注市场动态，不断挖掘、引导和满足用户需求，依托高品质的内容资源优势实现跨界融合。学术出版机构要注重培养知识服务创新能力，这既包括了基于新技术的产品内容重构、形态、功能等创新，基于新技术的生产、传播工艺创新，基于新思想、新方法的选题创新，还包括了商业价值创新。不断更新的知识架构，有利于实现知识共享，从本质上促使学术出版实现价值最大化。

学术出版的知识服务价值应当与用户的知识需求匹配，且这种价值是可以有效传递和转移的。本研究在理论分析的基础上，应用学术界相对成熟的技术接受模型研究量表，进一步深化设计出符合学术出版用户群体特征的研究量表，提出假设，主要以专业读者为研究样本，力图通过定量的方式整理出用户接受学术出版知识服务的影响因素。在实证分析的基础上，发现用户最终接受学术出版知识服务的实际行为受到行为意愿的正向影响作用显著，受到感知有用性的间接影响作用明显大于其他变量、创新性、评价权威性、相关性等都发挥了较强的影响作用。

在学术出版数字化转型的过程中，知识服务形态所具备的系统性、非线性及动态性特征愈发明显。鉴于此，本研究应用系统动力学方法深入分析学术出版嵌入式知识服务形态，在分析知识服务过程中的因果关系和行为演化特性的基础上构建系统动力学模型，并对模型进行仿真验证，为学术出版知识服务机制的完善提供参考。同时，从知识价值链的角度对信息技术环境下学术出版知识服务增值的动态行为进行研究，具有一定的理论创新。在实践上，也希望引发学术出版机构的思考：如何优化自身知识价值链的动态行为，提升知识搜集效率，在占有内容资源优势的基础上获取更多利润；如何根据用户需求，进一步整合平台的内容资源、客户资源、发行资源、宣传资源，完善知识服务支撑环境和运行机制，提供用户体验更佳的知识服务。

在问卷调查和系统模拟的基础上，本研究基于知识链理论，进一步研究学术出版知识服务能力和学术出版知识服务实施的具体路径，设计了包含三个层面（知识获取层、加工存储层和知识服务层）的学术出版知识服务平台，并详细分析了每一个模块的功能价值和实现路径。本研究还创新性地引入语义出版、区块链版权保护、VR出版等一些新型业态模式。

本研究从多学科融合发展的角度，尝试构建开放创新的知识服务环境，抓住学术出版的终极价值，努力实现知识流和价值流之间的平衡，增强了学术出版知识服务的可行性和有效性。本研究设计的集学术知识管理、服务、增值于一体的学术出版知识服务平台，突破了以往的平台构建体系，拓展了知识服务的广度和深度，将知识营销延伸至用户的全谱段知识服务，以增强用户的沉浸式体验，提升学术出版的核心竞争力。

本研究的开展得到了许多人的帮助和指导，心中留有万分感念。我想，我是幸运的，有老师的指导，有同学的关爱，还有家人的支持。正是这些爱和付出，让我看到了前进的方向，懂得了坚持的意义。但是，囿于学识和实践经验，书中必定存在疏漏之处，敬请广大同仁、专家和读者给予批评指正。

聂　静
2021年2月

目　录

"出版传媒教育改革与前沿理论出版工程"总序　　001
前言　　001

第一章　绪论　　001
  1.1　研究背景与研究意义　　001
    1.1.1　研究背景　　001
    1.1.2　研究意义　　007
  1.2　相关概念与发展困境　　008
    1.2.1　相关概念　　008
    1.2.2　发展困境　　013
  1.3　研究内容与研究框架　　019
  1.4　研究方法与技术路线　　021
    1.4.1　研究方法　　021
    1.4.2　技术路线　　023
  1.5　研究创新　　024

第二章　文献研究　　025
  2.1　学术出版文献研究　　026
    2.1.1　学术出版国外文献可视化分析　　026
    2.1.2　学术出版国内文献可视化分析　　029

  2.1.3 学术出版研究综述概要   *033*

 2.2 知识链文献研究   *045*

  2.2.1 知识链国内外文献可视化分析   *045*

  2.2.2 知识链研究综述概要   *046*

 2.3 知识服务文献研究   *049*

  2.3.1 知识服务国内外文献可视化分析   *049*

  2.3.2 知识服务研究综述概要   *051*

 2.4 研究述评   *056*

第三章 学术出版用户分析   *059*

 3.1 学术出版用户知识需求分析   *060*

  3.1.1 学术出版用户知识需求特点   *060*

  3.1.2 学术出版用户知识需求分层   *062*

 3.2 学术出版用户阅读行为分析   *064*

 3.3 多元化媒介对学术出版用户阅读的影响 *072*

 3.4 学术出版的用户关系管理   *074*

 3.5 本章小结   *078*

第四章 学术出版知识服务接受模型设计   *079*

 4.1 总体设计   *079*

 4.2 变量定义与研究假设   *081*

 4.3 调查问卷设计   *091*

 4.4 数据分析方法   *093*

 4.5 本章小结   *099*

第五章 学术出版知识服务接受模型检验   *100*

 5.1 描述性统计分析   *100*

 5.2 信度分析   *103*

 5.3 效度检验   *105*

5.4	各变量探索性因子分析	*106*
5.5	各变量验证性因子分析	*123*
5.6	基于结构方程的模型检验与修正	*132*
5.7	学术出版知识服务接受模型的影响因素分析	*137*
5.8	本章小结	*139*

第六章 学术出版知识服务的机制与价值研究 *141*
- 6.1 学术出版知识服务过程概述 *142*
- 6.2 学术出版知识服务过程的系统动力学分析 *143*
  - 6.2.1 学术出版知识服务因果关系分析 *143*
  - 6.2.2 学术出版知识服务系统模型构建 *144*
  - 6.2.3 学术出版知识服务系统模型仿真分析 *148*
- 6.3 学术出版知识服务增值分析 *154*
  - 6.3.1 学术出版知识价值链结构 *155*
  - 6.3.2 信息技术推动学术出版知识增值 *158*
- 6.4 本章小结 *159*

第七章 学术出版知识服务实施路径研究 *160*
- 7.1 学术出版知识服务能力分析 *160*
  - 7.1.1 学术出版知识服务能力特征 *161*
  - 7.1.2 学术出版知识服务的基础能力 *162*
  - 7.1.3 学术出版知识服务的过程能力 *163*
  - 7.1.4 学术出版知识服务的关系能力 *165*
- 7.2 学术出版知识服务实施路径设计 *166*
  - 7.2.1 知识链视角下的学术出版知识服务平台设计原则 *166*
  - 7.2.2 知识链视角下的学术出版知识服务平台总体设计结构 *167*

7.3	学术出版知识服务平台知识获取模块	*169*
7.4	学术出版知识服务平台知识加工存储模块	*175*
7.5	学术出版知识服务平台知识服务模块	*183*
7.6	学术出版知识服务平台版权管理模块	*187*
7.7	学术出版知识服务平台出版服务模块	*193*
7.8	本章小结	*196*
第八章	研究结论与展望	*197*
8.1	研究结论与讨论	*197*
	8.1.1 研究结论	*197*
	8.1.2 研究讨论	*198*
8.2	研究建议	*199*
8.3	研究局限与展望	*201*
	8.3.1 研究局限	*201*
	8.3.2 研究展望	*201*

附录1	学术出版知识服务研究调查问卷	*203*
附录2	知识链国内外文献可视化图表	*207*
附录3	知识服务国内外文献可视化图表	*215*
附录4	上海市民阅读状况调查问卷(2016年度)	*223*

第一章
绪　论

1.1　研究背景与研究意义

1.1.1　研究背景

(1) 数字时代学术出版的转型需要

党的十九大报告提出,我国经济已转向高质量发展阶段。高质量发展考虑更多的是如何转型升级,如何定位新功能。转型是以技术为支撑对结构进行优化,升级是以发展为目标对商业模式进行再造,再造并不是推倒重来,而是在原有优势的基础上总结经验,形成新业态。

在数字时代,出版业的新功能新价值不断被挖掘,传统出版产业不断焕发新的活力。《2016年新闻出版产业分析报告》显示:我国数字出版2016年实现营收5 720.9亿元,全行业占比达到24.2%,提高3.9个百分点;对全行业营收增长贡献率达到67.9%,提高7.7个百分点,增速与贡献继续领跑新闻出版各产业。[①] 虽然数字出版这个新兴业态

---

① 中国新闻出版研究院.2016年新闻出版产业分析报告[M].北京:中国书籍出版社,2018.

对于整个产业的拉动作用日渐明显,但总体来讲我国新闻出版业的数字化转型仍处于初级阶段。为了进一步规范和指导出版产业的数字化转型,2017年国家新闻出版广电总局与财政部联合下发《关于深化新闻出版业数字化转型升级工作的通知》,对新闻出版业的数字化转型提出了五项要求:"优化装备、数据共享、知识服务、出版创新、人才培养。"①

近年来,文化软实力在综合国力竞争及维护国家安全中的地位和作用日益凸显。作为全球第二大经济体,我国赢得了世界的广泛关注。展现当代中国成就、阐释当代中国道路、讲好中国故事、传播中国价值理念及提高国际话语权,正是学术出版的责任与使命。中国文化走出去,首先应当是中国高端学术走出去。近年来,我国学术论文、学术图书等有关国家内容的学术出版物在国际市场上持续热销,庞大的消费群体引来众多国际知名学术出版机构的投资和合作,如社会科学文献出版社同荷兰Brill出版社合作开发的皮书数据库为解读中国经济发展现状与趋势提供了基础性分析资料,已被多个国家图书馆和知名大学采购使用。

作为专业出版的一类,学术出版担负着记录与传承国家和民族文明的重任。在全球数字化革命的进程中,如何用心提升学术出版内容的厚度与温度?如何开发具有国际影响力的学术出版品牌,以排头兵的姿态站在文化走出去的前列?这些重大课题,都揭示了学术出版数字化转型升级的紧迫性。而我国传统学术出版单位大多尚未意识到这些问题,在内容载体、发行渠道、组织结构、人才类型、硬件设施等方面并未做好相应的转型准备,加之市场格局不确定,数字出版商业模式不明朗,因此数字出版业务仍作为传统出版业务的附属物存在,市场潜力

---

① 国家新闻出版广电总局,财政部.关于深化新闻出版业数字化转型升级工作的通知[EB/OL].(2017-05-18)[2020-11-16]. http://www.nppa.gov.cn/nppa/contents/279/1486.shtml.

并没有被充分激发。虽然很多互联网内容企业在市场上很活跃,但这些企业能否保持优质内容的持续供给力是存在疑问的。纵观国际层面,大数据技术的广泛应用,优化了科研生产能力,缩短了学术产品的生产周期,使得国际学术出版领域新业务、新形态、新模式不断涌现。2013 年,《自然》(Nature)曾推出一期"出版的未来(The future of publishing)"特刊,其中 Priem 的文章对未来学术出版的蓝图做了深度描摹,指出未来学术出版将建立在基于开放数据和标准协议的分布式服务基础上。[①]

中国互联网络信息中心(CNNIC)发布的《第 41 次中国互联网发展状况统计报告》显示,截至 2017 年 12 月底,中国网民达到 7.72 亿,占总人口的比例达 55.8%,超过全球平均水平(51.7%)4.1 个百分点。中国新闻出版研究院发布的《第十五次国民阅读调查报告》指出,2017 年我国成年国民数字阅读接触率连续八年持续上升,达到 73.0%,网络在线阅读接触率为 59.7%,手机阅读接触率为 71.0%,微信阅读比率超六成(63.4%)。网民数量的持续增加,数字阅读率的连续走高,不仅仅意味着移动阅读、碎片阅读将成为一种常态,更预示着在数字环境下深度阅读需求的不断释放,学术出版消费占比的持续增加,对专业深度咨询、细分领域信息和创新型研究成果需求的成倍增加。

学术出版专业性强、时效性长,用户黏性高。学术出版用户关注学科发展的整体脉络,追踪国内外学术发展的最新动态。数字技术以其超时空限制的优势,赋予用户更多的自主选择权。互联网时代的学术出版物不再仅仅指一本书、一本期刊,而是已经转变为一种载体、一种介质,借助这个载体或介质来实现思想和内容的传播。学术出版物就其本质而言,强调的是思想的有效到达率,而不是产品的有效到达率。

---

① PRIEM J. Scholarship: beyond the paper[J]. Nature, 2013, 495(7442): 437-440.

为了提高思想的有效到达率,未来凡是跟人的感官发生关系的介质都可以作为学术出版内容推送的平台、思想传递的渠道,手机、网络、视频、微信等都可能变成下一个学术出版高地。

机遇和挑战从来都是相伴相生的。以技术做驱动,既要看到优势,也要注意弥补劣势。学术出版想要搭乘新媒体技术的顺风车,开启数字融合的征程,就必须转变经营理念:不能固化在内容的组织者层面,而应摆脱出版领域固有思维,抱着开放的心态延伸产业链,实现跨界融合、转型发展,做内容的生产者、版权的拥有者;依托自身优质资源,整合传播渠道,创新产品供给,不断挖掘、引导和满足用户需求,在加快知识共享、知识创新的前提下,从本质上提升学术成果价值转化的效能。

(2) 知识服务的兴起

在知识经济时代,数据、信息、知识三者相互依存、相互转化。数据作为一种客观存在,伴随人类文明程度的加深而不断扩大和变化;信息是隐藏在数据背后需要人类挖掘和探索的客观规律。在数据和信息处理的基础上才能得到知识。相比数据和信息,知识具有更强的抽象性、系统性、规律性、可预测性和价值性。知识通过交流、交易、发现、生成、类化、应用等方式渗入人类生活的各个细分领域,既可以生产要素的形式影响内生经济,也可直接作用于经济主体,激发知识创新,推动高度专业化的知识服务业不断产生,整体拉升全社会生产率。

在互联网时代,"受过教育,并拥有自由支配时间的人,他们拥有丰富的思想和强烈的分享欲望,这些人在自由时间汇聚在一起,产生了巨大的社会效应"。这就是学者克莱·舍基所称的"认知盈余"现象。[①]

---

① (美)克莱·舍基.认知盈余[M].胡泳,哈丽丝,译.北京:中国人民大学出版社,2012:5-6.

互联网是一把双刃剑,海量信息加大了处理成本,降低了互联网接入成本,造成了网民数量的扩大化、知识盈余量的扩大化和学习欲望的扩大化。每一个互联网的接入主体随时都在贡献着巨大的社会效应。共享经济碰上知识服务,不仅要解决海量信息与有限精力的矛盾,还要解决无限好奇与有限能力之间的矛盾。

随着知识和技术更新率、迭代率的不断提升,互联网用户终身学习、跨界融合、碎片阅读的特征愈发明显,现代化知识服务如果简单依靠"技术加内容",将无法实现精准对接。必须从知识服务场景出发调研消费者需求,从知识服务模式倒推知识产品生产和知识资源收集、整理、内化、外化等过程。学术出版向来是重要的知识传播渠道,在知识应用、生产和创新活动中发挥着重要作用。《2017年新闻出版业互联网发展报告》指出:2017年是知识分享全面爆发的一年,知识付费平台成为年轻人现在接受知识的主要方式,知识变现渠道越来越多。[①]

社会分工的细化、知识的稀缺性决定了企业仅仅依靠自身力量已经很难适应经济全球化与需求多样化条件下日益激烈的竞争需要。美国管理学家Prahalad和Hamel于1990年首次提出,核心能力是"组织中的积累性学识,特别是关于如何协调不同的生产技能和有机结合多种技术流派的学识"。[②] 企业的核心能力具有很强的知识属性,企业提高核心能力需要经过一系列的知识活动来加固竞争优势。这一系列的知识活动,其实质就是国内外知识管理领域广泛研究的"知识链"。知识链与核心能力之间的相互作用,为研究学术出版的知识服务提供了一个很好的角度。在知识经济时代,学术出版机构不仅要保证自身知识链流畅、创新能力活跃,还要处理好自身知识链与用户价值链的衔接

---

① 王坤宁.第十一届新闻出版业互联网发展大会召开[N].中国新闻出版广电报,2018-01-15(2).
② PRAHALAD C K, HAMEL G. The core competence of the corporation[J]. Harvard business review,1990,68(3):79-90.

匹配,从根本上提高自身的核心能力。

(3)开放创新、开放科学理论推动

创新一直被认为是各类组织实现繁荣,维持较高盈利能力的主要驱动力。创新能力是企业非常重要的战略资产,它能为企业带来新创意,开拓新市场。在知识经济时代,创新周期不断缩短,复杂性却日益凸显,诸多行业和企业依赖的传统封闭式创新都面临着创新能力不足、创新风险增大的困境,这严重侵蚀了传统创新体系的有效性。亨利·切萨布鲁夫(Henry Chesbrough)2003年提出的"开放式创新"理论强调,均衡配置组织内外部资源有利于激发创新思想,综合利用内外部渠道有利于创新活动的开展。在开放的大背景下,创新不再是凭一己之力单打独斗,而是强调合作,不再是简单的线性模式,而是交互模式乃至网络模式。创新效果取决于组织内外部的网络资源及其整合状况。组织可以从外部结网成员获取各种有用信息、知识、创意等,同时将自身的知识、信息等传递到网络之中,方便网络成员共享,传统资源在这里实现了动态开放、共同创造和商业转化。

渗透着"自由、开放、合作、共享"精神的开放科学运动,从2016年以来发展迅猛。欧盟委员会2016年发布报告《欧洲的未来:开放创新、开放科学、面向世界开放》,指出:"科学卓越是经济社会未来繁荣的基础,而开放科学则是科学卓越的关键。"开放是互联网时代的本质特质,不可避免地会融入科研的发展中,开放存取、开放科学数据降低了科研获取成本,加快了科研传播速度,促进了科研交流与分享,提高了科研透明度,同时也加快了知识创新速率。

科研交流是学术出版的重要使命。为在开放科学、开放创新的大背景下推动知识服务的全面转型,学术出版机构必须合理规划创新网络,发现、识别和选择有潜力的创新参与者,并与他们建立合理的关系结构,实现对创新网络的有效管理。同时,加强知识挖掘、知识关联等智能处理技术的使用,强化人机对话、增强知识服务的表达力和表现力,在完善知识管理的基础上推进知识创新、知识增值。

1.1.2 研究意义

(1) 理论意义

本研究主要的理论贡献有:

1) 拓展了技术接受模型(TAM)的假设范围

以往的技术接受模型均是以理性行为和计划行为理论为基本前提的。本研究将用户的沉浸体验、专业权威等情感和心理变量引入模型,探究它们对用户的认知、态度、意图和行为的影响的微观机理,并进行了实证检验。

2) 完善了知识链与学术出版核心能力间的理论联系

在互联网海量信息和数据的背后,知识服务、知识付费、知识电商等逐渐成了人们关注的焦点。网络用户文化消费升级的背后是知识价值属性的凸显,数字化发展的理念开始从流量逻辑向价值逻辑转变。以"知识流、价值流"为核心的知识链管理模式契合了知识经济的特点,成为经济学和管理学研究的热点。知识经济加剧了竞争的复杂性,企业仅依靠一己之力已经无法驾驭复杂局面。"知识流"强调由企业外部流向企业内部,是企业知识获取、选择、生成、内化和外化的过程。企业建立与其上下游伙伴的合作关系,多方面组织资源、技术和技能,实现稀缺资源的合理配置,降低知识创造成本,才能形成核心能力,获得竞争优势。核心能力和竞争优势本质上都是组织集体知识的体现,是动态可持续发展的。

3) 深化了学术出版知识服务的理论基础

目前来看,从学科交叉融合视角以及用户行为特征因素对知识链模型做深层次的研究尚不充分。本研究以用户接受学术出版知识服务行为的影响因素为出发点,从知识链的视角聚焦学术出版的终极价值,强调多学科融合、情景嵌入,增强知识服务的可行性、有效性,构建知识创造与扩散的开放式机制,深度挖掘内在影响因素,为学术出版机构真正实现高质量的数字化知识服务提供理论支撑。

(2) 实践意义

1) 对解决出版业数字化转型过程中的问题具有一定参考价值

我国出版企业在数字化转型过程中都曾面临诸多问题:优质内容资源储备不足;对用户的知识需求缺乏针对性分析;线下发行渠道窄化明显;版权保护不到位,缺乏商业化版权运营思维;创新技术应用滞后;等等。本研究从用户角度展开分析,有利于出版机构对接用户需求整合资源,加快知识传播,推动知识共享,在提升社会效益的同时提升经济效益,对于产业良性可持续发展具有一定的现实指导意义。

2) 对强化学术出版知识服务效能具有一定参考价值

本研究提出一系列学术出版知识服务效能提升对策,并在此基础上设计了集学术知识管理、供应、增值于一体的知识服务平台,突破了以往的平台构建体系,紧贴用户业务领域,拓展知识服务的内容和深度。本研究基于开放、科学、创新的出版模式,将知识营销延伸至对用户的全谱段知识服务,实现资源的跨界关联、交叉融合,强化学术出版的权威性、融合性、交互性,优化用户使用体验,提升学术出版自信。

1.2 相关概念与发展困境

1.2.1 相关概念

(1) 学术出版

学术出版作为提供高端产品的出版业分支,宗旨在于推动全社会共同的文化进步,提高整体文化素养,因此相较于大众出版和其他专业出版而言,具有更高的权威性和严肃性。随着印刷技术和传播技术的发展,学术出版也在不断推动人类先进文明成果跨时空的传播。

在英文中,学术出版表述为 academic publishing 或 scholarly publishing,专指学术论文、学术专著的出版,并且以出版学术论文为重点,强调研究成果的理论性和知识性。在英美等国,学术出版的导向意识非常明确,成熟的基金支持和政策扶持使得整个学术出版的地位不容小视。在国内,有学者认为,学术出版是以服务学术、推动知识传递、引领学术前沿为根本宗旨,以学术著作和学术论文等为基本形式发布、展示、传播、交流新知,遵守出版管理规定与学术规范,涵盖社会科学与自然科学范畴的一种出版形态。[①] 学术出版物兼具精神属性和物质属性,不论出版形态如何变换,有效传播知识这个本质属性是不应该改变的。在市场经济的大环境下,学术出版物的商品属性越来越凸显,学术出版机构在坚守出版物知识属性的同时,也要遵守市场经济规律,实现经济效益和社会效益的共赢。[②]

业界普遍认为,学术出版发展的中坚力量是大学出版社,很多专家也就学术出版与大学出版社之间的关系做过深入研究。贺圣遂(2008)认为,大学社应当通过学术出版树立出版品牌。[③] 邬书林(2007)认为,大学出版社在推进知识传播、知识交流、知识创新、推动文化多元化发展等方面发挥着独特的作用。[④] 龙玉明(2009)指出,大学出版社身处高校内,有条件及时把握最新科研进展,感知科研价值,因此在实践中承担了我国高校大多数学术论文和学术著作的发表,是我国学术出版

---

① 刘永红.关于学术出版的几点思考[J].现代传播,2016(2):55-61.
② 汪启明.学术出版简论[J].楚雄师范学院学报,2006(11):94-102.
③ 贺圣遂.学术出版——大学出版的使命与追求[J].大学出版,2008(1):6-9.
④ 邬书林.学术出版——中外大学出版社共同的历史使命[J].中国编辑,2007(5):4-5.

的中坚力量。① 何戈等(2011)提出,大学出版社应当依托高校发挥学科专业优势,走特色化、专业化的学术出版道路。②

本研究认为,学术出版是以学术内容为基础,依靠掌握专业领域知识的服务人员,为专业用户提供包括纸质或多媒体书刊以及数字化知识服务的专业活动。

(2) 知识服务

国外最早提出"知识服务"的是1995年欧洲委员会的"Knowledge-Intensive Business Services（KIBS）：Users, Carriers and Sources of Innovation",强调知识服务是依赖专业知识的运营为其他组织机构的商业运作所提供的智力支持。Clair等(2002)认为知识服务融合信息管理、知识管理和战略学习：信息管理是基础,组织在获取、整理、存储、检索和利用信息的过程中产生知识;知识管理是再创新,帮助企业实现信息的循环再利用;战略学习用以确保成功的经验、技能、知识、方法在未来工作中可用。③ Clair(1993)把知识服务概括为"为完成组织的目标而汇聚信息管理、知识管理,并以绩效管理为中心的战略学习活动"。④

国内学者也从多个角度对知识服务概念进行界定。张晓林(2000)认为,知识服务是以信息知识的搜寻、组织、分析、重组的知识和能力为基础,根据用户的问题和环境,融入用户解决问题的过程中,提出能够有效支持知识应用和知识创新的服务。⑤ 戚建林(2003)认为：从广义

---

① 龙玉明.大学出版社向数字出版转型的问题探索[J].中国出版,2009(11)：87-89.
② 何戈,时应征,耿东锋.浅议大学出版社在数字出版中的定位[J].出版广角,2011(1)：58-59.
③ CLAIR G S, REICH M J. Knowledge services: financial strategies and budgeting[J]. Information outlook, 2002, 6(6): 26-33.
④ CLAIR G S. Customer service in the information environment[M]. London: Bowker-Saut, 1993.
⑤ 张晓林.走向知识服务：寻找新世纪图书情报工作的生长点[J].中国图书馆学报,2000(5)：1.

上讲,知识服务是指为用户提供所需知识的所有服务;从狭义上讲,知识服务是指针对用户专业需求,以解决问题为目标,对相关知识进行搜集、筛选、研究、分析并支持应用的一种较深层次的智力服务①。孙丽艳(2006)认为,知识服务是体现专业化、个人化和自主创新的服务,是基于分布式多样化动态资源、系统和集成的服务,融入用户之中并贯穿于用户决策过程始终。② 图书情报界对知识服务概念的界定,集中在研究知识服务的内容、特点、服务方式和服务目标等方面,也有一些文献从IT角度定义知识服务,认为知识服务是指将知识资产转化为知识产品及服务,并通过Internet对知识产品和服务加以销售和推广。③ 国内对于知识服务虽然有不同角度的概念界定,但已基本形成三点共识:一是认为知识服务的基础是获取、组织、整合和重组知识资源;二是认为知识服务的目标是解决具体而实际的问题;三是认为知识服务的价值实现应当直面用户需求。

本研究认为,知识服务就是针对用户个性化需求提供全过程、系统化的解决方案,其实质是为用户提供决策的一种工具。

(3) 知识链

知识链概念最先起源于企业资源计划(ERP),是指知识流在不同组织间流动而形成的链式结构,旨在实现知识共享和知识创造。Hall等(1998)将知识链界定为管理供应链隐性知识的方法。④ Holsapple等(2001)提出,知识链是利用一系列主要活动和辅助活动创造新知识、

---

① 戚健林.论图书情报机构的信息服务与知识服务[J].河南图书馆学刊,2003,23(2):37-38.
② 孙丽艳.图书馆的知识服务微探.现代情报[J],2006(1):54-55.
③ 董颖.知识服务机制研究[D].北京:中国科学院研究生院,2003.
④ HALL R, ANDRIANI P. Analysing intangible resources and managing knowledge in a supply chain context[J]. European management journal, 1998 (12): 685-697.

获取企业竞争优势的过程。[1] 我国学者对知识链的概念界定主要有四类视角。(1) 组织主体视角。常荔等(2001)[2]、顾新等(2003)[3]、蔡翔等(2000)[4]认为,知识链是通过知识流在不同市场主体间的转移与扩散来实现知识的集成、整合、创新及增值的网链结构。(2) 知识流程视角。陈志祥等(2000)[5]、刘冀生等(2002)[6]认为,知识流是对企业内外知识资源进行获取、转移、创新的无限循环流动过程,所有相关主体在这个过程中被一条无形的链连接,这条无形链就是知识链。(3) 组织主体与知识流程结合视角。徐建锁等(2003)认为,知识链不仅在不同主体间进行外部转移和扩散,还在内部进行知识的捕获、选择、组织和创新。[7] (4) 知识的组织形式视角。应力等(2001)[8]、温有奎等(2003)[9]、徐焕良等(2005)[10]认为,知识链实质上是知识序化、知识关联或知识联系的一种组织形式。

本研究认为,知识链是由不同产学研知识创新主体所构成的,以满足用户知识需求为目标,通过知识获取、知识加工、知识共享、知识转

---

[1] HOLSAPPLE C W, SINGH M. The knowledge chain model: activities for competitiveness[J]. Expert systems with application, 2001(20): 77 - 98.
[2] 常荔,邹珊刚,李顺才.基于知识链的知识扩散的影响因素研究[J].科研管理, 2001(5): 122 - 127.
[3] 顾新,郭耀煌,李久平.社会资本及其在知识链中的作用[J].科研管理, 2003(5): 44 - 48.
[4] 蔡翔,严宗光,易海强.知识供应链:概念、特征、主体[J].科学管理研究, 2000(6): 12 - 14.
[5] 陈志祥,陈荣秋,马士华.论知识链与知识管理[J].科研管理, 2000(1): 14 - 18.
[6] 刘冀生,吴金希.论基于知识的企业核心竞争力与企业知识链管理[J].清华大学学报, 2002(1): 68 - 72.
[7] 徐建锁,王正欧,李淑伟.基于知识链的管理[J].天津大学学报(社会科学版), 2003(2): 133 - 136.
[8] 应力,钱省三.知识管理的内涵[J].科学学研究, 2001(1): 64 - 69.
[9] 温有奎,徐国华,赖伯年.信息整流与知识增值服务[J].情报学报, 2003(3): 273 - 277.
[10] 徐焕良,李绪蓉.知识链模型研究[J].计算机科学, 2005(2): 185 - 187, 192.

移、知识创新等知识活动,满足知识供需平衡的动态知识网络。

1.2.2 发展困境

(1) 学术出版的开放度困境

开放式创新是一个动态过程,学术出版机构要通过与用户、作者、高校、研究机构、竞争对手、运营商和技术中介组织等外部创新要素建立创新平台、知识共享机制(Laursen 等,2006)[①]等方式,进行开放联系。如果在这个过程中开放过度会增加学术出版机构核心资源泄露的可能性,一旦被竞争对手获取信息,不仅会削弱自身的竞争优势,还容易造成学术出版机构的经营活动过分依赖外部创新要素,从而影响自身的创新绩效。例如,在数字时代如果出版机构没能很好地采取数字版权保护措施,就很容易出现批量复制、随意分发、传播和滥用学术出版资源的现象,这种现象也是一些出版机构迟迟不敢大踏步地涉足数字出版的顾虑所在。而一味为避免资源泄露问题往往又会陷入开放不足的困境,局限在封闭式创新的范式内,无法利用开放式创新带来的优势。学术出版的本质在于学术交流、知识分享,固守在封闭式创新的环境中,会影响出版机构的传播力,长远来看会影响到出版机构核心竞争优势的建设。

(2) 学术出版的过程冲突困境

以往封闭式创新过程多是通过学术出版机构内部实现,与外部交流少,但开放式创新涉及由外向内流程、由内向外流程、双向流程等多样化的复杂流程,要从中受益,如何选择创新流程、如何控制多流程的顺利进行都成了学术出版机构需要解决的问题。交流互动在

---

① LAURSEN K, SALTER A. Open for innovation: the role of openness in explaining innovation performance among UK manufacturing firms [J]. Strategic management journal, 2006, 27(2): 131-150.

学术生产中的作用越来越大，互助出版模式成为新亮点，近年来专题论文集等合著（编）等学术图书产量明显上升。学术出版的开放式创新建立在思想意识、职业规范和热忱三者交汇的基础上，创新形式大量涌现，更看重直接参与、共同创造、协同创新，其产生的机会主义、产权、协调等问题将不断增加，外部性效应将更加突出。

（3）学术出版的知识分布困境

封闭式创新下学术知识流动是受限的，更强调自我繁殖和对知识的内部整合。开放式创新中的学术知识流动限制大大降低，学术出版机构依靠知识存量取得的竞争优势很容易被破坏性创新所颠覆。在数字时代，学术出版内容专业化是根本，内容的深入整合离不开技术的支持。如果不考虑各类用户的阅读习惯，墨守成规，不开发互联网在线版、移动阅读版或流媒体版，那么学术出版机构的竞争优势将会慢慢削减。有学者曾提出应该把重点从知识存量转移到知识流量上，即将知识分散于网络之中。但是，过度分散内部知识可能造成核心知识的流失和扩散，削弱企业的竞争优势，面临"基于知识分布的困境"。

（4）学术出版的知识服务困境

1）知识服务理念有待革新

首先，学术出版一定程度上并没有形成市场危机意识，还停留在依靠国家出版基金支持的发展模式。诚然，学术出版需要"宁静致远"，沉下心打造精品，但置身于市场经济大环境中，学术出版同样应当注重增强服务意识。学术界一直以来都强调原创，但完全创新是不符合出版创新和文化推进理念的，任何国家的版权法保护的都是表达方式的独创，而不是内容价值的完全创新，这就造成了学术出版市场一定会存在较大规模的可替代性知识产品，使得用户拥有了较大的自主选择权。加之我国目前学术出版市场所存在的过剩现象，用户的注意力和时间反而成了稀缺的资源，符合用户口味的优质内容资源构成了学术出的核心竞争力。这种局面,随着数字付费阅读的推广将越来越明显。很多研究表明,专业用户群是一个对价格敏感度较低、黏度较高的群体,这对于纸质出版物的销售或是数字付费阅读来讲都具有极大的启示作用。从深层次看,其实学术出版并不是只有阳春白雪,还应当有下里巴人。专业出版的市场到底有多大,取决于学术出版如何走出象牙塔,走向公共化,从细分领域走向大众,打造非专业领域的公共用户。因此,学术出版机构应当了解用户,细化用户群体,跟踪引导用户需求、简化用户需求满足过程,这些都是学术出版知识服务深化的基础。目前,很多的学术出版机构都存在对用户细分重视不够,对用户需求的动态变化重视不够的问题。

其次,知识服务形式不完善。信息技术推动了知识服务的开放化、便捷化、个性化,学术出版机构应抓住时机,及时变被动为主动、转变服务方式,不能停留在文献服务、知识服务产品推送、知识服务讲座、交流研讨等浅层服务领域,应嵌入用户业务领域,提供更有针对性的定制服务、定题跟踪服务、专业化知识库服务等新形式的知识服务。专业用户希望在第一时间获得精准的专业信息和知识服务,并能实时更新、跨平台操作,但学术出版机构市场经济意识缺位造成了知识服务时效性低,不能同步满足用户需求。

2) 学术出版评价体系有待完善

一个文化强国、图书强国,离不开一个发达、规范的学术出版业做支撑。虽然数字化趋势在一定层面上推动了整个学术出版产业的革新,使得出版物品种呈几何级数增长,但与数量剧增相伴的并非是学术质量的同步提高和学术精品的不断涌现。相反,因为学术出版低门槛和学术研究大氛围的影响,学术出版正逐步滑入一个平庸化、功利化的危险局面。大量基于职称评聘、项目结题等现实需求的研究成果充斥学术出版市场,不仅挤占了稀缺的出版资源,也稀释了很多出版物的学术价值。我国现行的重量化指标考核、轻同行评价的评价方法,给评价对象造成很大的压力和困惑，潜心研究、追求学术卓越的少了，多产快出、缺乏独创性的多了。浮躁的治学之风加重了学术出版的同质化、低水平重复建设，学术出版的严肃性、权威性面临巨大的挑战。

3）知识服务失范行为严重

众所周知，编著者、主题定位、区别定价、设计装帧等因素都会影响学术出版的销售量，然而有一个因素非常重要却容易被人们忽略，这就是出版的分类。目前，全国出版社出版的所有新书都由图书在版编目中心（CIP 中心）审核。CIP 中心和出版社的图书分类理念不同，由此造成的弊端越来越明显。CIP 中心的图书分类标准是出于管理需要，出版社的图书分类标准是为了销售。简言之，一个集中，一个扩散。如某出版社的《画中历史》是一本通过介绍国外绘画作品中反映的历史事件，进而普及历史知识的通俗读物，却被分在了艺术类。不同的图书分类将会严重影响图书的销售量。

此外，目前我国的学术论文标引也是乱象丛生，主要体现于以下几方面：关键词不能准确反映主题并有遗漏；用词泛化，标引采用非关键词；关键词排列顺序不当；标引专指性不强；等等。在数字时代，学术作品的分类和标引比以往更加重要。分类和标引的混乱，直接影响到学术作品在海量内容资源中的显示度，用户也会变得更加无所适从。

4）知识服务运营不完善

学术出版应当是一种有重点的专业出版，其内容产品应当具有显著的专业特色。但目前我国大部分的学术出版机构未对资源进行深度开发和加工，没有形成体现特色体系的知识产品，内容资源库建设依然较为薄弱，在建的知识库大多是纸张文献变电子版的储存与堆积，单纯地为了方便检索而已，缺乏对知识资源相互间关联的探求，真正的知识资源体系并未形成，有特色的数据库服务项目也不多。总体上来讲，学术出版机构之间存在着较为严重的数据重复现象，相当程度上是各自为政,这为知识资源整合、共享带来了很大的障碍。

在移动社交时代,出版资源丰富,但学术出版机构并未抓住机会,拓宽传播渠道,实现不同终端的自由切换。例如以豆瓣、知乎为代表的社交平台,聚集了大批忠实的用户,对用户阅读行为、阅读消费都产生了较大影响;相反,少有学术出版机构利用此类资源,实现精准传播。同时,一些学术出版机构缺乏构筑立体化营销平台的意识,还没有习惯利用浏览器插件、分享按钮、短视频等方式随时随地更新资源信息,同用户展开对话交流。

5) 数字版权保护措施不完善

网络的虚拟性和自由性导致的侵权现象越来越严重。公开资料显示,2015 年我国共有 2118 件与网络版权相关的民事案件,同比增长近 28.3%。艾瑞《2015 年中国网络文学版权保护白皮书》曾指出,我国网络文学因为盗版侵权在 2014 年 PC 端付费阅读收入损失 43.2 亿元,移动端付费阅读收入损失 34.5 亿元,还有 21.8 亿元的衍生产品收入损失,总体来看,网络文学盗版一年给整个行业就造成了近百亿元的损失。网络盗版不同于传统盗版,前者借助于链接、社交分享、P2P 技术和云端网盘等,上传迅速,下载快捷,扩散广泛,成本低,时间短,如不加以有效管理,将对出版行业造成毁灭性的打击。

技术的进步加上政策的扶持推动了文化创意产业的创新发展,继而带动了数字版权交易的繁荣。授权量的激增,凸显了我国目前交易方式的成本高、效率低、过程烦琐的弊端。在互联网时代,除了正式出版物,大量的微视频、图片、网络文学要想获得版权保护,如果去中国版权保护中心进行版权登记,不仅需要缴纳登记费还需要耗费较高的时间成本,这对于原创作者的数字版权保护非常不利。在媒介发达的今天,一个作品的版权很可能被拆分成很多个细分版权独立授权,如果没有统一的版权交易平台,很容易造成市场和作者对这些细分版权状态的不清晰。目前,大量的内容平台规定平台对于自身的数据享有最终解释权,一定程度上造成了交易的不透明,内容需求方不可避免地会怀疑内容提供方提供的作品阅读量、影视观看量等数据存在水分,这对作品的版权交易会产生直接的负面影响。

总体来讲,要从根本上缓解学术出版目前所面临的问题,需要深入研究学术出版数字化转型的本质及实现途径。梳理相关文献可以发现,国内对于学术出版转型的研究,目前主要有三个方向。一是以学术出版机构为主体的产品及业务模式的服务化转型。在大数据条件下,学术出版将有可能改变以往以图书、文献等为单位的粗放型生产模式,转而为消费者提供基于数据的、专业的知识服务。[①] 二是以图书馆为主体,向出版服务的延伸。学术出版服务被定义为图书馆参与和支持出版活动的服务,既包括以出版者的角色直接进行学术期刊、图书、学位论文等作品的出版,也包括一系列附加服务。[②] 三是基于开放共享的知识服务,该观点以用户需求为中心,打通知识生产、传播、扩散和利用等环节,支持用户端开放服务创新。[③]

发现问题,总结经验。学术出版作为一类服务业,其数字化转型的本质应当是向高质量的数字化知识服务迈进。本研究在开放创新、开放科学理念的指导下,在实证分析的基础上,扩大知识源主体,统一技术标准,完善版权保护措施,设计符合学术出版用户知识需求的知识服务平台,优化知识生产、传播、创新流程,打通知识转移渠道,实现智能出版匹配科研的高效性、知识服务匹配共享知识经济的多学科融合性、全版权运营匹配多元化产品形态的需求性。这将在一定层面上缓解上述学术出版数字化转型所存在的问题,提高学术出版知识的有效到达

---

① 刘坚.学术出版创新:基于大数据的知识服务[J].现代出版,2014(6):27-29.
② 刘雅琼.近十年学术图书馆出版服务研究述评[J].大学图书馆学报,2017,35(2):62-68.
③ 张晓林.开放获取、开放知识、开放创新推动知识服务模式——3O会聚与研究图书馆范式再转变[J].现代图书情报技术,2013,230(2):1-10.

率,极大提升学术出版知识服务效能。

1.3 研究内容与研究框架

本研究主要内容分为四部分。

第一部分,学术出版用户研究。研究学术出版数字化知识服务,需要从用户的角度展开梳理,从终端需求逆向思考,实现价值创新。识别用户的知识需求,分析用户的行为特点是学术出版推广知识服务的根本出发点。通过直接的焦点小组座谈法和间接的科研交流网站的文本挖掘调研用户在知识活动中存在的问题和障碍,并通过聚类分析,整理出用户不同层次的知识需求,即知识更新需求、知识管理需求、知识交流需求、知识评价需求和知识创新需求。同时,针对专业用户在传统阅读和数字化阅读中所表现出的不同行为特征,寻找学术出版用户关系管理模式。

第二部分,学术出版知识服务接受模型研究。在理论分析的基础上,应用学术界相对成熟的技术接受模型研究量表,进一步深化设计符合学术出版受众群体特征的研究量表,力图通过文献整理、实践访谈等方式归纳出用户接受学术出版知识服务的影响因素。在实证分析的基础上,检验影响用户接受并采纳学术出版知识服务实际行为的主要因素。

第三部分,学术出版知识服务机制与价值研究。学术出版机构知识服务目标需要与用户的知识需求实现价值匹配,且这种价值是可以有效传递和转移的。在数字时代,学术出版知识服务过程的系统性、非线性及动态性特征愈发明显。因此,本部分首先应用系统动力学方法研究学术出版知识服务过程,在仿真分析的基础上为学术出版知识服务机制的完善提出建议。其次,进一步分析信息技术环境下学术出版知识服务价值增值过程,挖掘出在信息技术的作用下,学术出版知识服务增值的时间效应、动力来源以及相应的作用机制。

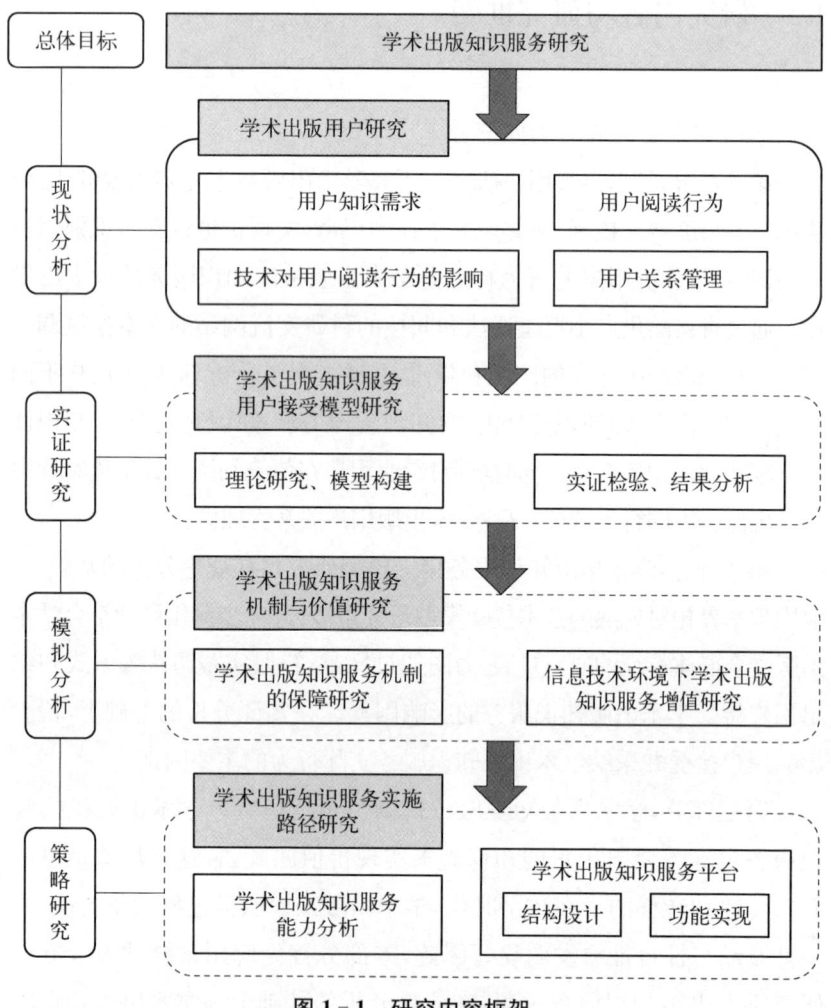

图1-1 研究内容框架

第四部分,学术出版知识服务实施路径研究。在定量分析的基础上,本部分匹配用户知识需求,基于知识链理论研究学术出版知识服务能力和学术出版知识服务的具体实施路径,设计了包含三个层面(知识获取层、加工存储层和知识服务层)的学术出版知识服务平台,并详细分析了每一个模块的功能价值和实现路径,创新性地引入语义出版、区块链版权保护、VR出版等一些新型业态模式,力求为用户提供完善的知识服务。

上述相关内容的研究框架如图1-1所示。

1.4 研究方法与技术路线

1.4.1 研究方法

本研究采用理论与实践相结合、定性与定量相辅助的研究办法,遵循"阅读文献—提出命题—形成假设—数据调研—实证分析(证实或者证伪假设)—形成研究成果"的研究思路,对相关议题进行研究。

(1)文献研究法。在研究开始之前,首先明确研究目标,梳理核心问题,将国内外现有的研究成果与本研究主题关联度较高的文献资料进行搜索—阅读(精读和略读)—归纳—分类—整理—总结与提炼,在此基础上形成研究命题、研究思路和研究模型,在理论框架的体系内进一步开展数据调研和实证检验。本研究对文献研究法的应用主要体现在以下几个方面:① 文献回顾与评述。利用图书馆等提供的丰富文献纸质资料、数据库系统和相关搜索引擎,紧密围绕"知识链""学术出版""知识服务"等关键词进行检索,对与本研究密切相关的命题、假设和理论进行跟踪式阅读,界定、归纳和评述国内外现有文献与本研究主题相关的研究范畴、研究方法、研究成果和研究进展,为下一步的深入分析提供基础。② 概念界定、研究模型与研究假设。研究概念、研究模型和研究假设是在深入阅读文献，并结合学术出版单位实践调研，经过反复构思和修正后提出的。③ 相关研究变量的测量和量表设计。本研究对变量的测量主要采取了两种基本方法：一是援引已经被反复论证过的经典量表；二是在吸纳前人相对成熟的理论基础上，根据研究问题和调研的实际需要，重新设计和修订相关测量项目。

（2）社会网络分析法。社会网络分析法是一种数学定量分析方法，有很多成熟的计量软件。本研究采用 UCINET 社会网络分析软件对传统文献计量方法进行了可视化拓展，运用关键词词频统计、聚类分析、知识图谱等软件功能，对学术出版、知识服务、知识链领域的文献大数据进行分析，直观表现该领域的国内外研究概况，挖掘研究热点，发现研究趋势。

（3）计量实证研究法。在文献研究、理论分析与理论构建基础上，通过计量统计的实证研究法对理论预设和假设进行检验。主要分为以下几个步骤：① 访谈与调研。本研究的整个访谈和调研是采用作者自己编制的访谈提纲和访谈程序，结合作者自身参与企业实践有计划进行的，是正式数据收集的前期工作内容，目的在于了解学术出版机构知识服务的影响因素及用户的知识需求。访谈与调研结果为本研究的初步构思提供了基础。② 问卷调查与数据收集。问卷调查是本研究获取研究数据的主要渠道，包括问卷设计、过程控制和初步统计分析等步骤。③ 数据分析与处理。在访谈、调研和问卷调查的基础上，本研究借助 SPSS 22.0 和 AMOS19.0 统计软件中方差分析、因子分析、相关分析、层次回归分析、中介效应检验和调节效应检验等功能，对各类数据进行归纳、分析和处理。

（4）系统动力学方法。系统动力学方法是用来揭示事物动态演化现实可能性的一种有效方法（Forrester 等，1979）[1]。学界对于知识服

---

[1] FORRESTER J W, SENGE P M. Tests for building confidence in system dynamics models [R]. Cambridge: Sloan School of Management, Massachusetts Institute of Technology, 1979.

务的研究绝大多数是借助逻辑推理来建立知识服务的概念模型,或是采用一些数学方法(如线性规划),来建立一些静态的分析模型,并没有将知识服务动态演化过程中的非线性系统特征纳入分析框架。因此,本研究尝试采用系统动力学方法来建立学术出版知识服务的系统动力学模型,以深入挖掘学术出版知识服务动态演化过程中变量之间的因果关系。

1.4.2 技术路线

为了达到研究目的,科学合理地解决研究中所提出的问题,本研究设计了系统的技术路线(图1-2)。

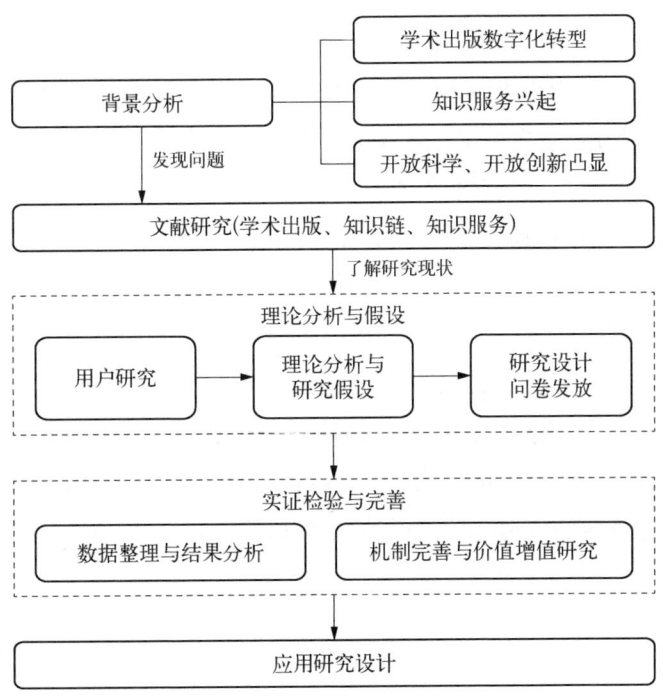

图1-2 技术路线

1.5 研究创新

（1）构建了学术出版知识服务接受模型

本研究借助技术接受模型对学术出版知识服务展开量化研究，创新性地引入专业权威性、沉浸体验2个指标因子，构建了更加全面的学术出版知识服务接受模型，实践结果也验证了新增因子的重要性，为学术出版知识服务实践操作层面提供了一定的理论支撑。

（2）拓展了学术出版知识服务的研究思路

本研究创新性地运用系统动力学方法仿真模拟学术出版知识服务流程。模拟结果明确了学术出版知识服务保障机制、知识服务情景嵌入对于提升知识服务效能的重大推动作用，分析了学术出版在数字化知识服务的过程中实现价值增值的过程，为优化学术出版知识服务流程、提升服务效能提供了一种新的研究思路。

（3）优化了知识服务实施路径，引入区块链版权保护功能

本研究借助知识链理论设计学术出版知识服务实施的具体路径，秉承"自由、开放、合作、共享"的大原则，构建集知识管理、增值、服务于一体的学术出版知识服务平台，嵌入用户业务研究情景，及时发现有价值的用户知识需求，动态组织学术出版知识活动，深化文本语义挖掘、知识关联，对接用户个性化特征，细化知识服务的范围和内容。平台融入区块链数字版权保护功能模块，这对于提高学术出版知识服务能力，提升内容资源的价值运营和保护都具有较高的参考价值。

第二章
文 献 研 究

为了更全面了解国内外对于学术出版以及知识服务研究的基本现状,避免传统文献研究偏于定性归纳、主观认定等问题,本章在对学术出版及知识服务等研究文献进行可视化分析的基础上梳理出国内外该领域的研究热点及研究趋势。

本章综合使用了知识图谱分析(mapping knowledge domain)与共词分析方法(coword analysis)。知识图谱分析主要用以实现知识资源

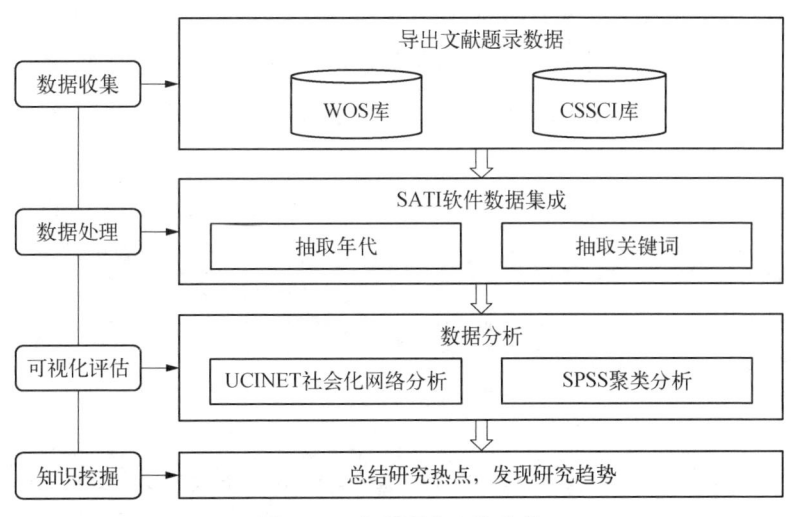

图 2-1 文献研究方法路径

的可视化展示,共词分析主要是分析能够表达某一专业领域研究主题的专业术语共同出现在一篇文献中的现象,判断学科主题间的关系,从而了解学科研究的整体结构。本研究主要采用 SATI 文献题录信息统计分析软件和 UCINET 社会网络分析软件,以 Web of Science(WOS)中的核心数据库及中国知网 CSSCI 数据库为文献数据来源,具体操作过程如图 2-1。

2.1 学术出版文献研究

2.1.1 学术出版国外文献可视化分析

在 Web of Science 核心数据库中采用高级检索方式,建立检索式。主题:scholarly publishing;或(OR)主题:academic publishing;或(OR)主题:academic publication;时间跨度:2003-2018;精炼类别:INFORMATION SCIENCE LIBRARY SCIENCE。检索时间为 2018-01-15,共检索得到 2 091 条数据记录,然后将这 2 091 篇文献以全记录(包含引用的参考文献)纯文本格式进行保存。各年度具体发文数量见图 2-2。

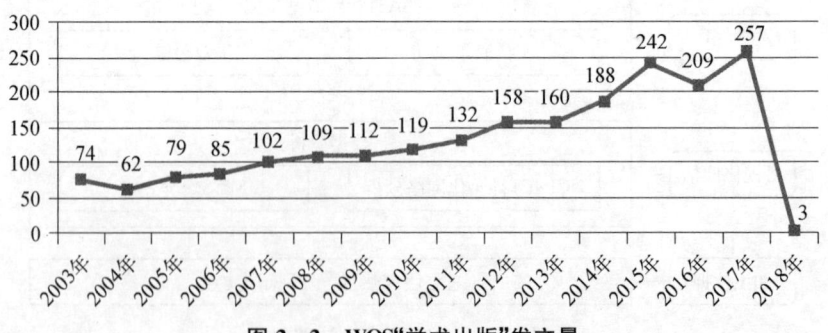

图 2-2　WOS"学术出版"发文量

(1) 高频关键词分析

关键词是作者高度凝练文献主旨内容的词汇,关键词出现频率的高低直接说明了该研究领域对于此项主题的关注度大小,因此,高频关键词是该领域研究热点及研究趋势的直接反映。

我们利用 SATI 文献题录信息统计分析软件,对 2 091 篇文献的关键词进行词频统计,最高标注频次的为 bibliometrics(文献计量学),共 130 次。词频标注 10 以上的关键词共有 104 个,具体信息见表 2-1。

表 2-1 学术出版(WOS)高频关键词

序号	关 键 词	频次	序号	关 键 词	频次
1	bibliometrics	130	23	research productivity	25
2	open access	96	24	Web of Science	25
3	academic libraries	78	25	scholarly	24
4	research	74	26	digital libraries	24
5	citation analysis	74	27	higher education	24
6	publishing	69	28	evaluation	23
7	scholarly communication	59	29	impact factor	23
8	scholarly publishing	51	30	knowledge management	23
9	scientometrics	40	31	Scopus	23
10	journals	38	32	co-authorship	23
11	collaboration	33	33	internet	22
12	libraries	32	34	Spain	22
13	citations	31	35	information	22
14	H-index	31	36	communication	21
15	altmetrics	30	37	science	21
16	electronic publishing	29	38	universities	21
17	bibliometric analysis	29	39	electronic journals	21
18	research evaluation	29	40	humanities	20
19	academic	27	41	Google Scholar	20
20	publications	27	42	scholarly journals	19
21	peer review	26	43	information science	18
22	academic publishing	26	44	electronic books	18

续 表

序号	关键词	频次	序号	关键词	频次
45	citation	18	75	sciences	12
46	analysis	18	76	monographs	12
47	serials	17	77	databases	12
48	research work	17	78	ranking	12
49	productivity	17	79	academic journals	12
50	research performance	16	80	history	12
51	university	16	81	research output	12
52	authorship	16	82	information systems	11
53	publication	15	83	scientific productivity	11
54	university presses	15	84	journal ranking	11
55	social sciences	15	85	computer science	11
56	gender	15	86	India	11
57	interlending	15	87	journal	11
58	research collaboration	15	88	collection development	11
59	academic staff	14	89	China	11
60	webometrics	14	90	university libraries	11
61	publishers	14	91	scholarly communications	11
62	books	14	92	researchers	10
63	social media	14	93	bibliometric	10
64	librarians	14	94	network analysis	10
65	document delivery	13	95	literature review	10
66	institutional repositories	13	96	indicators	10
67	scientific	13	97	management	10
68	economics	13	98	authors	10
69	scientific production	13	99	information management	10
70	impact	12	100	scientific collaboration	10
71	education	12	101	content analysis	10
72	information literacy	12	102	informetrics	10
73	open access publishing	12	103	research impact	10
74	information retrieval	12	104	editors	10

(2) 学术出版(WOS)关键词可视化分析

在高频关键词统计的基础上建立学术出版(WOS)104＊104的高频关键词共现矩阵,并将其导入 UCINET 社会网络分析软件通过"Visualize"—"Netdraw"绘制学术出版(WOS)关键词社会网络图谱。基本的可视化图相对较杂乱,并不能清晰显示关键词之间的联系,需要进一步对其进行调整设置,利用"Analysis"—"Centrality Measures"功能,在"Set Node Sizes by"中选取"Betweeness"运行,通过"Properties"—"Lines"—"Size"—"Tie Strength"编辑节点间连线性质,设置两节点间连线＞2才显示,界面即呈现如图2-3所示的社群图。图中节点的大小表示度中心性,尺寸越大表示该关键词与其他关键词的共现关系越高;连线粗细反映矩阵中关键词节点的共现次数,连线越粗表示两节点的共现频次越高。

为了进一步明确各个主题在该研究领域所处的位置及研究热点之间的相似性,将 UCINET 软件得出的高频关键词共现矩阵转换为相异矩阵导入 SPSS 22.0 软件进行多维尺度分析,度量标准采用区间方式的 Euclidean 距离得到学术出版(WOS)高频关键词多维尺度图(图2-4),小圆圈表示各主题词,关系越紧密,距离越近。

2.1.2 学术出版国内文献可视化分析

在中国知网数据库中采用高级检索方式,建立检索式。主题:学术出版;时间跨度:2000—2018。检索时间为2018-01-15,去除会议通知、征稿启事等,共检索得到1 433条数据记录,然后将这1 433篇文献以纯文本格式进行保存。各年度具体发文数量见图2-5。

(1) 高频关键词分析

我们利用 SATI 文献题录信息统计分析软件,对1 433篇文献的关

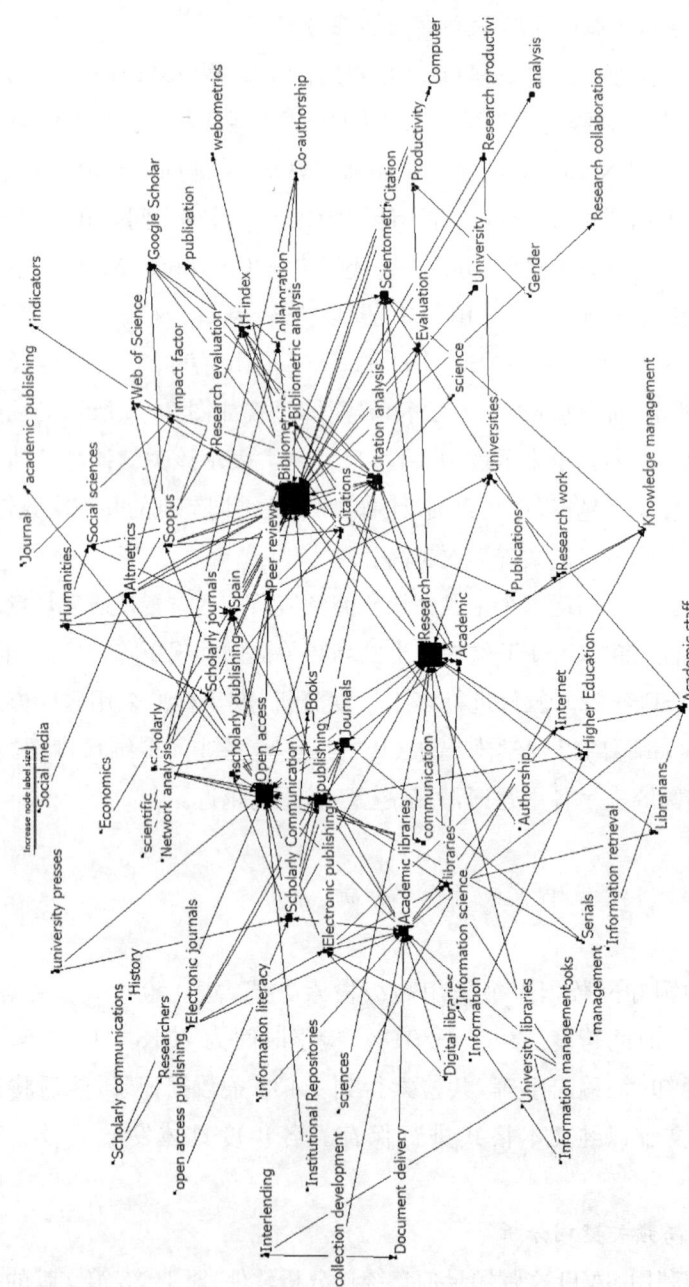

图 2-3 学术出版(WOS)关键词社会网络图谱

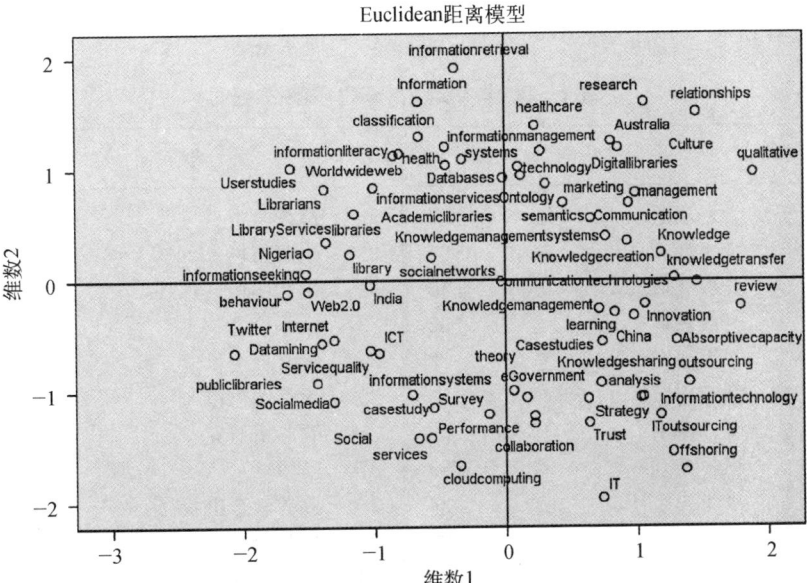

图 2-4　学术出版（WOS）高频关键词多维尺度图

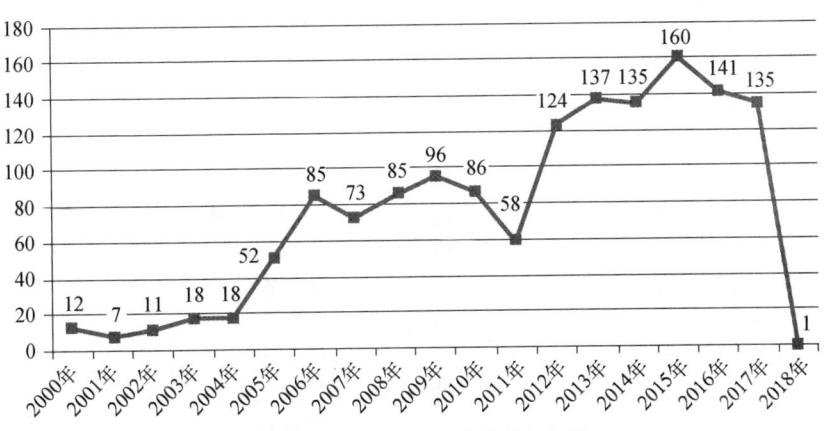

图 2-5　CSSCI"学术出版"发文量

键词进行词频统计,最高标注频次的为学术出版,共339次。关键词出现频次在6以上(含6)的共有82个,具体信息见表2-2。

表2-2 学术出版(CSSCI)高频关键词

序号	关键词	频次	序号	关键词	频次
1	学术出版	339	30	高校学报	11
2	学术期刊	94	31	出版市场	10
3	开放存取	48	32	出版座谈会	10
4	开放获取	32	33	学术论文	10
5	学术研究	32	34	人文社会科学	10
6	数字出版	31	35	大学图书馆	10
7	学术图书	30	36	哲学史研究	9
8	科技期刊	30	37	美国	9
9	大学出版社	26	38	高等教育出版社	9
10	出版发行	20	39	儒学研究	9
11	学术交流	18	40	三联书店	9
12	出版模式	18	41	国学研究	8
13	学术出版中心	18	42	出版事业	8
14	专业出版	16	43	中国历史学	8
15	著作出版	15	44	出版服务	8
16	出版规范	14	45	创新	8
17	高校图书馆	14	46	学术期刊出版	8
18	图书馆	14	47	影响因子	8
19	编辑	14	48	历史学研究	8
20	出版	13	49	图书出版	8
21	学术不端	13	50	中国出版业	8
22	版面费	13	51	出版质量	8
23	传统出版	13	52	版权输出	8
24	出版单位	12	53	出版工作	7
25	出版企业	11	54	转企改制	7
26	学术传播	11	55	数字化转型	7
27	同行评议	11	56	机构知识库	7
28	学术评价	11	57	学术文化	7
29	教材出版	11	58	清华大学出版社	7

续 表

序号	关键词	频次	序号	关键词	频次
59	学术著作	7	71	高校学者	6
60	出版工程	7	72	春松	6
61	学术论著	7	73	高校出版社	6
62	网络出版	7	74	大学社	6
63	中国出版	7	75	媒体融合	6
64	科研成果	7	76	爱思唯尔	6
65	对策	6	77	牛津大学出版社	6
66	大学出版	6	78	数字化	6
67	规范	6	79	图书品牌	6
68	品牌	6	80	中国	6
69	学术共同体	6	81	研究成果	6
70	科技图书	6	82	人文精神	6

(2) 学术出版国内文献可视化分析

在此基础上建立学术出版高频关键词共现矩阵,并将其导入UCINET社会网络分析软件绘制学术出版关键词社会网络图谱,直观显示关键词之间的联系,具体见图2-6。用同样方法,可得图2-7。

对比国内外可视化研究图表,可以发现学术出版目前主要的研究方向,国内外对于开放存取、数字化转型、学术评价、同行评议的关注都是比较高的。相比国内,国际层面上在学术出版研究领域更关注文献计量、知识管理等方面。

2.1.3 学术出版研究综述概要

(1) 学术出版数字化营销研究

国内外学者对于学术出版数字化营销的研究主要集中在以下几方面:

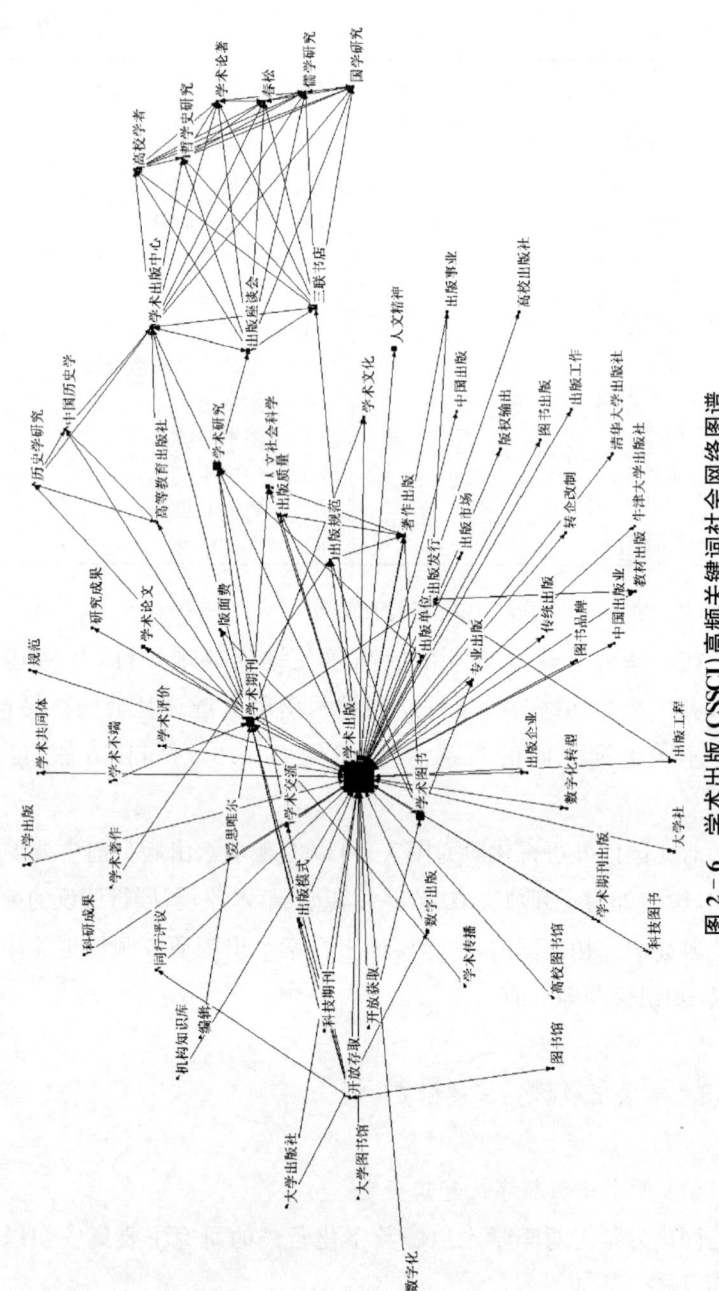

图 2-6 学术出版(CSSCI)高频关键词社会网络图谱

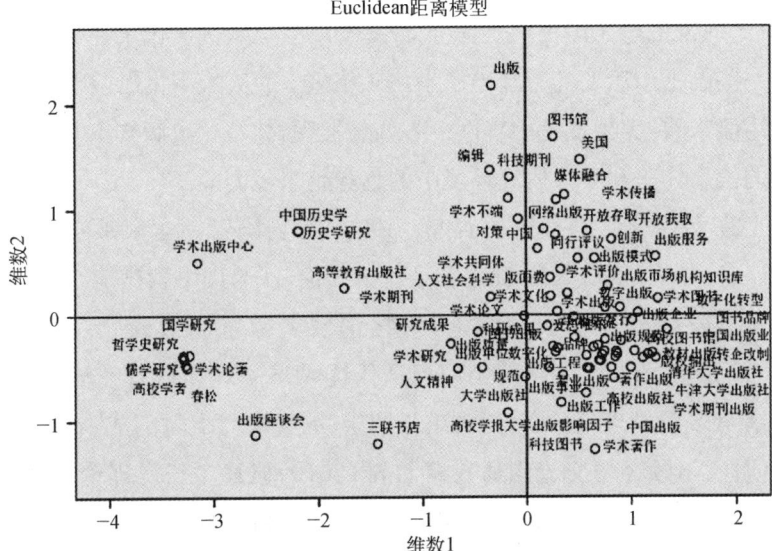

图 2-7　学术出版(CSSCI)高频关键词多维尺度图

1)数字化出版物研究。1971年,正在伊利诺伊大学就读的迈克尔·哈特(Michael Hart)发起了"古腾堡计划",将进入公有领域的经典文学作品,录入电脑供读者阅读和下载,这在历史上首次实现了纸质图书的规模化电子转换、归档和发布。Klein 等(1998)[1]、Peterson 等(1997)[2]曾对适合网络销售的产品特征进行过实证研究,并得出结论:搜索产品比体验型产品更适合网络销售,图书是一种兼具搜索和体验型特点的产品,适合网络营销。数字化出版物的相关标准,一直是很多大型研究机构的研究选题,如美国国家信息标准组织(NISO)、国际数

---

[1] KLEIN J, GEE D, JONES H. Analysing clusters of skills in R&D — core competencies, metaphors, visualization and the role of IT[J]. R&D Management, 1998, 28(1): 37-42.
[2] PETERSON R A, BALASUBRAMANIAN S, BRONNENBERG B J. Exploring the implications of the internet for consumer marketing[J]. Journal of the Academy of Marketing Science, 1997, 25(4): 329.

字出版论坛(IDPF)和美国书业研究集团(BISG)等机构都致力于此。IDPF研发的电子图书格式标准EPUB3.0业已成为美国书业集团和日本一些图书出版商的首选电子书出版格式。① 从数字化出版物真正的使用面来看,美国皮尤因特网中心调查发现,数字化出版物不断深入读者的信息体验和学习研究环境中的趋势越来越明显。②

2) 数字化营销理论的研究。1999年,美国营销学家莱斯特·伟门(Lester Wunderman)提出精准营销理论,认为图书营销应当通过信息化手段细分市场双向沟通,对接消费者需求高效营销。吕晓凤(2007)提出图书数字化营销应当从传统4PS营销范式逐步转向现代营销4CS营销理论(顾客的需求与期望、顾客愿意支付的成本、购买的方便性、与顾客的交流沟通)。③ 许洁(2010)概述了长尾理论、二八定律、蓝海战略、整合营销、病毒营销、异业营销和关系营销等经典营销理论在出版领域的应用模式。④ 张久润等(2017)探讨了基于4R理论的众筹出版视域下的图书营销思维。⑤

3) 数字化营销渠道研究。便捷快速、成本低、有效降低信息不对称等特点,是Peterson等(1997)指出的网络营销渠道特征。⑥ 2002

---

① IDPF. Japanese government sponsored digitization project adopts EPUB3[EB/OL].[2012-12-07]. http://idpf.org/news/japanese-government-sponsored-digitization-project-adopts-epub-3.
② RAINIE L, DUGGAN M. E-book reading jumps; print book reading declines[EB/OL].[2013-03-25]. http://libraries.pewinternet.org/2012/12/27/e-book-reading-jumps-print-book-reading-declines/.
③ 吕晓凤.用4C营销理念引导出版社网络营销[J].科技与出版,2007(8):61-63.
④ 许洁.改革背景下的营销创新——近年来我国出版营销新理论研究现状[J].出版科学,2010,18(3):67-70.
⑤ 张久润,陈鹤杰,向子璇.基于4R理论的众筹出版图书营销策略研究[J].今传媒,2017(3):90-92.
⑥ PETERSON R A, BALASUBRAMANIAN S, BRONNENBERG B J. Exploring the implications of the internet for consumer marketing[J]. Journal of the Academy of Marketing Science, 1997(4):329-346.

年,Burke经过对比调查发现,在线购物必须具备便利的顾客服务通道、可靠的传输、安全的网上支付等特征,而线下购物的优势在于有知识丰富的销售人员协助,产品真实可触等。① 郑雪(2006)从成本费用的角度比较了线上线下图书营销的销售网络、物流配送以及经营和促销的成本。② 厉亚等(2007)指出,出版企业开展网络营销要为读者提供便利,还要注重发挥网络广告的作用。③ 吴婷等(2014)提出,科技期刊社开展数字版权贸易,应加大与非营利性组织机构合作的力度,在提高经济效益与社会效益的基础上推动期刊数字出版的国际化和管理的规范化。④ 刘佩英等(2015)论述了数字化营销的两个重要概念"可见性"与"元数据",总结了提升出版业特别是学术出版数字化营销水平的五条可行性路径和三项基础性工作。⑤ 还有众多学者从微博、微信、社交平台等新媒体渠道来研究图书出版营销的策略。

4) 用户行为研究。Asemi(2000)深入分析了包括亚马逊在内的6个网上图书经销平台,指出网络营销维持顾客满意度的长效性靠的是有竞争力的图书价格以及快速的送货服务⑥。Chang等(2005)指出网络营销渠道的感知特征、消费者特征和产品特征是影响消费者网络消

---

① BURKE R R. Technology and the customer interface: what consumers want in the physical and virtual store[J]. Journal of the Academy of Marketing Science, 2002(4): 411.
② 郑雪.网上图书和网下图书销售的比较研究[J].实验科学与技术,2006(12): 151-154.
③ 厉亚,欧阳旭清.互联网时代的图书网络营销策略[J].出版广角,2007(8): 45-47.
④ 吴婷,王晴,王跃.科技期刊数字版权贸易思路[J].编辑学报,2014(5): 431-433.
⑤ 刘佩英,张扬,徐建梅.论学术出版之数字化营销——以爱思唯尔出版集团为研究蓝本[J].中国编辑,2015(1): 62-65.
⑥ ASEMI S. Electronic commerce: marketing strategies in online book vending [D]. Fresno: Califonia State University, 2000.

费行为的三个主要因素。① Limayem 等(2007)分析得出了包括年龄、性别、收入、教育、信任、创新性、娱乐性、网络使用、经验、习惯、社会规范、感知结果、感知使用便利性、感知有用性、感知行为控制、感知风险在内的 16 项影响网络消费行为的因素。② Carol 等(2012)调查了英国 6 所大学学术人员的学术论文和书籍的阅读模式,结果发现图书馆馆藏电子期刊是学术人员进行学术期刊阅读的重要来源,学术图书的阅读来源主要来自个人纸质收藏品。调查同时发现,便利性和方便获取是影响学者们选取信息来源渠道的主要影响因素。③ 徐铭瞳(2015)认为,学术期刊的数字化转型及品牌建设发展应当对接用户所具有的后现代阅读模式的特点。④

5) 数字化营销现状分析研究。贺圣遂等(2007)在分析电子书出版现状的基础上提出实现纸书电子商务的三种营销方式,即出版机构一要加强电子书与纸书之间的互动,二要建立与网上书店的经销关系,三要与各个高校的相关网站建立链接。⑤ 康琳(2010)提出,应以创新为动力、以市场为导向、以增强影响力为目标,积极推进期刊的数字化转型。⑥ 胡政平(2011)提出,期刊数字化转型过程中存在的版权问题、

---

① CHANG M K, CHEUNG W, LAI V S. Literature derived reference models for the adoption of online shopping[J]. Information & management. 2005, 42(4): 543–559.
② LIMAYEM M, HIRT S G, CHEUNG C M K. How habit limits the predictive power of intentions: the case of information systems Continuance [J]. MIS quarterly, 2007, 31 (4): 705–737.
③ CAROL T, RACHEL V, DONALD K W. Article and book reading patterns of scholars: finding for publishers[J]. Learned publishing, 2012, 25(4): 279–291.
④ 徐铭瞳.基于后现代阅读的学术期刊数字出版研究[J].北方工业大学学报,2015(2): 91–94.
⑤ 贺圣遂,李华.复旦大学出版社数字出版经营策略[J].科技与出版,2007(8): 35–36.
⑥ 康琳.积极推进期刊数字化转型[J].中国医药指南,2010(10): 149–151.

资金问题、人才问题,利益分配不公等问题需逐步解决。① 吕赛英等(2012)分析了学术期刊数字化优先出版中的问题,就增进作者和读者对优先数字出版的认可、保护期刊优先版的版权、提高优先版的学术评价、协调优先版与正式版数据冲突等方面提出了相应的建议与对策。② 谢寿光(2013)认为中国学术出版存在投入产出比例失衡、专业化程度不高、学术出版规范缺失、学术评价体系紊乱等问题。③ 杨兰珊(2014)认为学术出版的数字化转型应依托自身优质资源展开上下游合作,开发特色型数据库为移动终端用户提供服务。④ 张晓雪(2015)认为我国学术期刊数字出版的生产水平和集团化程度低、营销手段落后,指出应开拓新型管理与营销模式,建设国际化期刊发布平台。⑤ 张俊彦等(2016)调查了中国知网数字出版平台上50种学术期刊优先数字出版文献,发现其编辑质量不容乐观。⑥

6) 数字化版权研究。就学术出版的数字化版权研究,业界大致包含这样几个角度,有从版权技术研发和改进方面研究,有从版权贸易角度研究,有从版权运营理念、模式等方面展开研究,还有从版权服务角度研究。施勇勤等(2012)指出数字版权保护技术是构建数字出版产业的关键要素。⑦ 高平亮(2015)提出学术期刊的数字版权保护应从技术、法律、道德等多方面规制,完善利益平衡机制、责任规避机制,建立

---

① 胡政平.学术期刊数字化的利弊及其改进建议[J].出版发行研究,2011(10):45-47.
② 吕赛英,王维朗,张苹,等.学术期刊推进优先数字出版的问题及对策[J].编辑学报,2012(1):74-76.
③ 谢寿光.中国学术出版:现状、问题与机遇[J].出版发行研究,2013(5):27-30.
④ 杨兰珊.学术出版的数字化转型路径探究[J].科技传播,2016(1):20-25.
⑤ 张晓雪.我国学术期刊数字出版转型的挑战与思考[J].中国出版,2015(13):47-50.
⑥ 张俊彦,黄林美,吴一迁.论学术期刊优先数字出版的质量与速度平衡[J].编辑学报,2016(1):7-10.
⑦ 施勇勤,张凤杰,马畅.数字版权保护技术的概念、类型及其在出版领域的应用[J].科技与出版,2012(3):57-59.

多方合作、互助共赢的长效机制。①刘建等(2016)提出目前困扰数字出版的难题主要有盗版侵权、肆意下载、版权归属难以界定等版权保护难题,认为应从完善法制、创新技术、加强监管等多方面加以改进。②还有学者如于文(2014)③从建立电子书产业健康快速发展的角度提出了"弱版权经营"理念,认为采取专门化阅读软件、阅读器等严密的控制技术是不利于数字出版市场竞争环境和商业模式创新发展的。

(2) 学术出版新业态研究

1) 学术出版创新研究。对于学术出版的创新研究,目前主要集中于对出版流程各模块各环节的优化,实现模式创新。Rapple(2011)提出了学术出版的层级化价格模型,用以强化收益预测。④刘坚(2014)强调,大数据技术在聚合优质内容、优化出版流程、对接消费需求、定位产品形态等方面的优势,有利于出版活动向系统的知识服务转型。刘佩英(2014)指出,学术出版的创新发展应加强编辑的创新分工,实施严格的同行评审制度,探索国际组稿、特色数据库等出版模式,构建全球营销平台。⑤张博等(2014)指出,学术出版内容生产模式可以分为以传统学术期刊为代表的封闭模式和以维基百科为代表的自由模式,并在比较研究的基础上提出了混合模式,从内容生产主体、质量控制体系以及版权管理多样化等方面完善学术出版的内容生产。⑥蔡一鸣

---

① 高平亮.学术期刊数字化的版权保护与运营模式研究[J].内蒙古财经大学学报,2015(5):144-146.
② 刘建,杨娜.学术论文网络出版中版权保护的短板与对策[J].出版发行研究,2016(5):63-66.
③ 于文.论电子书出版的弱版权经营理念[J].中国出版,2014(8):17-20.
④ RAPPLE, C. Researching and implementing a new tiered pricing model[J]. Learned Publishing, 2011, 24(1): 9-13.
⑤ 刘佩英.国际化视野下的中国学术出版创新研究[J].出版广角,2014(10):49-53.
⑥ 张博,乔欢.学术出版内容生产模式比较研究[J].出版广角,2014(3):12-15.

(2015)从多模态理论视角探讨了学术出版的多种创新途径。① 董拯民(2016)提出,应当从争取出版资助、控制生产成本、充分拓展馆配渠道和做好数字化转型四方面来完善学术出版的盈利模式。②

2) 学术出版的自出版模式研究。数字技术高速发展,自出版模式(self-publishing)方兴未艾,许多自出版平台应运而生,如著名的 Smashwords 免费自出版平台、亚马逊的 Kindle 直接出版系统(Kindle Direct Publishing)等。美国作家 Hugh Howey 追踪了亚马逊 2014 年全年电子书销售资料,发现自出版电子书占比高达 33%,他认为学术出版和小众化出版更适合自助出版。③ 孙赫男(2013)指出,我国自出版目前存在写作水平不高、内容质量堪忧、营销薄弱等问题,应在流程标准和服务方式上下功夫。④ 宋嘉庚(2018)比较了中美自出版的核心要义,认为:美国自出版界定宽泛,强调出版的自主性;中国自出版仅仅意味着作者"自助"参与部分出版活动。⑤

3) 学术出版的众筹模式研究。2006 年,杰夫·豪(Jeff Howe)在《众包:群体力量驱动商业未来》一书中提出"众包"的含义是向大众筹集资金,使大众成为企业的投资者并获得一定的精神或物质回报。众筹出版成为近年来发展迅猛的一种出版商业模式,是借助互联网融资实现跨界融合的新业态。2012 年,Gluejar 公司发布 Unglue.it 电子图

---

① 蔡一鸣.多模态视角下学术出版的创新探索[J].编辑学刊,2015(5):34-37.
② 董拯民.出版社学术出版盈利模式探究[J].出版广角,2016(1):30-31.
③ 李慧楠.AuthorEarnings 的冬季报告(1)——ISBN 危机![EB/OL].(2015-02-03)[2020-11-16].https://www.bkpcn.com/Web/ArticleShow.aspx?artid=122818&cateid=A1804.
④ 孙赫男.自出版在传统与数字出版业态中的发展状况及对策分析[J].出版广角,2013(11):23-26.
⑤ 宋嘉庚.基于中美对比视角的自出版核心概念研究[J].出版广角,2018(1):32-34.

书众筹平台。① 对于这种新业态,我国也有很多学者进行了深入研究。黄河等(2014)界定了众筹出版的概念以及众筹者根据出资额应享有的经济、文化收益。② 朱德东(2015)指出学术期刊应当从读者需求、专业拓展、互动沟通等方面开展众筹出版。③ 王佳(2015)在深入分析国内外学术期刊众筹出版现状的基础上,认为众筹模式在拓宽融资渠道,提高发行量,实现按需出版,促进学术大众化等方面具有较强的可行性。④

4) 学术出版的按需出版研究。按需出版(Publishing On Demand,简称 POD)能够借助数据处理技术、数字印刷技术和互联网系统,实现即需即印,在时间、质量、印量、个性化等方面最大限度满足用户的个体需求。王静等(2015)认为按需印刷的成本优势、时间优势,对于提升学术出版的个性化服务、满足市场需求、提高经营效益、支撑转型升级等方面都有积极作用。⑤ 雷鸣等(2015)认为利用大数据优化学术图书的内容制作、发行营销、创新经营理念是实现学术图书按需出版的基本途径和策略,通过大数据保障数据来源的可靠性、数字版权、隐私权等,亦可实现按需出版的风险规避。⑥

5) 学术出版开放存取研究。开放存取(Open Access,简称 OA)是一种开放创新的学术传播机制。实践中有纯 OA 期刊,如 PLoS 和

---

① 蒋凌.电子书云募资平台 Unglue.it 正式发布[J].图书情报工作动态,2012(6):13.
② 黄河,刘琳琳.出版众筹运作方式及发展路径[J].中国出版,2014(10 下):6-9.
③ 朱德东.学术期刊众筹出版模式研究[J].科技与出版,2015(11):57-60.
④ 王佳.学术期刊众筹出版的可行性探索与实践[J].出版发行研究,2015(9):55-57.
⑤ 王静,李秀伟.按需印刷为学术出版注入"强心剂"[J].出版参考,2011(11):64-65.
⑥ 雷鸣,张钰婷.大数据在学术图书按需出版中的运用[J].出版发行研究,2015(11):51-53.

BioMed Central 出版的 OA 期刊;也有混合型 OA 期刊,如 Springer 的 Open Choice、牛津大学出版社的 Oxford Open,以及 Blackwell、Elsevier、剑桥大学出版社 CUP 等。① Willinsky(2003)总结了 10 种开放存取出版模式:1) 开放存取电子印本研究库模式(OA eprint archive);2) 受资助的开放存取(subsidized OA);3) 双重模式开放存取(dual-mode OA);4) 延迟开放存取(delayed OA);5) 基于作者付费的开放存取(author free OA);6) 部分开放存取(partial OA);7) 人均开放存取(per capita OA);8) 开放存取索引(OA indexing);9) 开放存取合作模式(OA cooperative);10) 个人主页开放存取(homepage OA)模式。② Snijder(2010)研究发现,开放存取并没有显著影响图书销售额及引用率。③ 韩鹏鸣(2012)统计发现,Web of Science 收录的 OA 期刊在数量与质量方面均有明显改观,但学术影响力仍有待提高。④ 张晓林(2013)介绍了国际上多项开放出版支持政策,建议中国建立经济高效的开放出版支持机制,重点推进公共资助科研论文、加强支持开放存缴、图书馆文献保障机制等。⑤ 梁洁(2016)以 Science Open 为例,提出应结合预出版和 OA 出版推动互联网出版,公开评审,流程优化,促进互联网时代学术交流与合作。⑥

6) 学术评价机制研究。Bornmann 等(2010)通过对《大气化学与

---

① 王应宽.国内外开放存取期刊研究进展综述与发展动态分析[J].中国科技期刊研究,2012(23):1054-1064.
② WILLINSKY J. The nine flavors of open access scholarly publishing[J]. Journal of postgraduate medicine,2003(49):263-267.
③ SNIJDER, R. The profits of free books: an experiment to measure the impact of open access publishing[J]. Learned publishing,2010,23(4):293-301.
④ 韩鹏鸣.基于特征因子的开放存取期刊学术影响力评价研究[J].图书馆工作与研究,2012(8):29-31.
⑤ 张晓林.实现开放获取支撑科技创新——有关国家和机构支持科技期刊开放出版的政策与措施[J].中国科学院院刊,2013(3):378-385.
⑥ 梁洁.ScienceOpen 的"互联网+学术出版"模式介绍、分析及启示[J].中国科技期刊研究.2016(2):185-192.

物理》(Atmospheric Chemistry and Physics)的公共同行评审系统的量化研究,表明公共同行评审机制的开放性与互动性能够提高编辑遴选文章的有效性。① Tenopir 等(2011)研究发现,有两类学术文章最受欢迎,其中一类是顶尖作者撰写,发表在具有顶尖同行评议团队的期刊上,并能够免费获取的论文。② 谢寿光(2015)认为,学术评价机制是学术研究、学术交流和学术传播的基础,应当引导学术规范,促进学术繁荣。③

7) 语义出版研究。在开放科学的视域下,语义出版的研究热潮不断升温,成果主要集中于语义出版基础理论、技术实现、应用实践等方面。王晓光等(2011)认为,语义出版作为一种全新的出版模式,支持在线资源间的自动关联和集成,增强了科学论文内容的语义表达,提高了人、机对内容的可理解程度。④ Pellegrini(2017)探讨了富语义元数据对出版领域的影响。⑤ Aslam 等(2017)构建 SPedia 知识库,借助语义关联、存储,支持科技文献的 SPARQL 查询。⑥ 廖建军(2017)设计分布式纳米出版知识服务模式解决科研信息过载的问题。⑦ Shotton(2009)认为语义出版提供的知识挖掘、关联分析,所形成的知识体系可

---

① BORNMANN L, DANIEL H D. Reliability of reviewers' ratings when using public peer review: a case study[J]. Learned publishing, 2010, 23(2): 124 - 131.
② TENOPIR C, ALLARD S, BATES B J, et al. Perceived value of scholarly articles[J]. Learned publishing, 2011, 24(2): 123 - 132.
③ 谢寿光.学术评价:学术出版机构的责任[J].出版广角,2015(5): 10 - 13.
④ 王晓光,陈孝禹.语义出版的概念与形式[J].出版发行研究,2011(11): 54 - 58.
⑤ PELLEGRINI T. Semantic metadata in the publishing industry technological achievements and economic implications[J]. Electronic Markets, 2017, 27(1): 9 - 20.
⑥ ASLAM M A, ALJOHANI N R. SPedia: a central hub for the linked open data of scientific publications[J]. International journal on semantic web and information systems, 2017, 13(1): 128 - 146.
⑦ 廖建军.基于 Nanopublication 的知识服务架构解析[J].图书情报工作,2017,61(17): 131 - 138.

以帮助用户提高知识发现,促进学术出版知识服务的价值增值。[1]

2.2 知识链文献研究

2.2.1 知识链国内外文献可视化分析

在 Web of Science 核心数据库中采用高级检索方式,建立检索式。主题:knowledge chain;时间跨度:2003—2018;精炼类别:INFORMATION SCIENCE LIBRARY SCIENCE。检索时间为2018-01-15,共检索得到 568 条数据记录,并以全记录(包含引用的参考文献)纯文本格式进行保存。各年度具体发文量详见附录 2 图 1。利用 SATI 文献题录信息统计分析软件将这 568 篇文献的关键词进行词频统计,最高标注频次的为 supply chain management,共 56 次。关键词出现频次在 4 以上的共有 82 个关键词,具体信息见附录 2 表 1,排在前面的有 supply chain management、knowledge management、innovation、knowledge sharing、value chain,这对于后面的应用设计都起到了很好的启示作用。

在中国知网数据库中采用高级检索方式,建立检索式。主题:知识链;时间跨度:2000—2018;检索时间为 2018-01-15。去除会议通知、征稿启事等,共检索得到 413 条数据记录,并以纯文本格式进行保存。各年度具体发文数量见附录 2 图 2。利用 SATI 文献题录信息统计分析软件将这 413 篇文献的关键词进行词频统计,最高标注频次的为知识链,共 173 次。关键词出现频次在 4 以上的共有 54 个关键词,

---

[1] SHOTTON D. Semantic publishing: the coming revolution in scientific journal publishing[J]. Learned publishing,2009,22(2):85-94.

具体信息见附录2表2。排在前面的关键词包括知识管理、知识网络、知识创新、知识流动、知识共享、知识管理系统、知识链模型等,和国际研究热点大致上是一致的。

从"知识链"在 WOS 和 CSSCI 中的高频关键词社会网络图谱及多维尺度图(附录2图3—图6),深度挖掘研究信息及研究方向,具体概述如下。

2.2.2 知识链研究综述概要

(1) 知识链模型研究

国内外学者从不同角度、结合不同学科知识构建了多种知识链模型,主要包括:1) 从价值链模型到知识链模型。Holsapple 等(2001)在波特"价值链"模型的基础上,从组织内部知识与核心竞争能力的关系出发,提出了包含知识获取、选择、生成、内化和外化五个关键活动,领导、合作、控制和测度四个辅助活动的经典知识链模型。[①] 2) 从企业个体视角到供应链视角的知识链模型。刘冀生等(2002)在经典知识链模型上加入动态元素,用以体现知识的无限循环特征。徐建锁等(2003)整合经典知识链模型和刘冀生模型,引入了用户这一关键环节对知识链模型进行二次改进,诠释显性知识和隐性知识在企业内外部的双循环过程。刘勇军等(2007)借鉴知识流双向循环流动性、知识活动多元价值增值性等因素,提出了面向供应链的知识链模型。[②] 3) 从供应链视角到区域创新网络视角的知识链

[①] HOLSAPPLE C W, SINGH M. The knowledge chain model: activities for competitiveness[J]. Expert systems with applications, 2001(20): 77-98.
[②] 刘勇军,聂规划.面向供应链的知识链模型及其管理策略[J].情报杂志,2007(6): 24-26.

模型。王平等(2005)①、吴冰等(2006)②认为知识链是基于供应链的协同性,跨时空整合不同领域知识的创新网络。

虽然研究出发点各有不同,但现有国内外知识链理论模型大多属Holsapple等(2001)的改进模型。

(2) 知识链生命周期的研究

美国管理学家伊查克·爱迪思(Ichak Adizes)在《企业生命周期》一书中指出,企业管理者应当根据自身的组织架构、发展战略、管理体制和管理目标,采用相应的管理策略解决生命周期各阶段所面临的危机或问题,维持企业的健康成长。孙东川等(2002)认为,知识链的生命周期包括酝酿期(知识链的筹备阶段)、组建期(知识链整体规划的决策阶段)、运行期(知识链的运行阶段)、解体期(知识链达成目标或自行解散阶段)。③ 不同组织间的知识需求是开启知识链生命周期的外部诱因,当组织个体因为内部知识资源有限开始寻求外部知识资源补充时,知识链进入酝酿期;随着外部主体进入合作视野,知识链进入组建期和运行期;合作结束,知识链解体。顾新等(2007)认为,知识链生命周期的每个阶段都包含多个决策过程,即酝酿期决策(包括市场机遇识别、企业核心能力识别、知识链模式选择等)、组建期决策(包括选择合作伙伴、确定利益分配机制、签订合作协议、成立知识联盟等)、运行期决策(包括培育交互学习机制、建立互助信任机制、形成知识优势等)和解体期决策(包括实施绩效评价与影响因素分析等)。④

---

① 王平,杨斌.基于知识链的企业战略知识管理框架[J].情报杂志,2005(6):83-85.
② 吴冰,刘仲英.供应链中的知识创新网络[J].科学学研究,2006(8):280-285.
③ 孙东川,叶飞,张红.虚拟企业生命周期系统管理[J].系统工程,2002(1):36-41.
④ 顾新,李久平,王维成.基于生命周期的知识链管理研究[J].科学学与科学技术管理,2007(3):98-103.

(3) 知识链管理研究

现有较多知识链管理研究文献认为,知识链管理是与业务流程相结合的知识流在不同主体间扩散实现价值增值并形成知识优势的过程,是企业内部知识管理的延伸。顾新等(2004)将知识链管理的研究视角从企业个体扩展到了企业组织之间。① 刘彦辉(2006)②、顾新等(2006)③研究供应链企业间的知识链管理过程。业界对于知识链管理机制的研究主要集中在三方面:1)知识链成员间的信任机制研究。Kidd等(2003)④、Jubert(2005)⑤认为建立知识链管理的信任机制有利于推动知识共享的积极效用;王涛等(2006)从社会资本视角提出了知识链成员间的信任培育途径。⑥ 2)知识链成员间的学习机制研究。顾新等(2003)提出社会资本对知识链成员间学习机制具有较强的促进作用;⑦叶苏等(2007)研究影响知识链成员间学习机制形成的主要因素。⑧ 3)知识链成员间的利益分配机制研究。顾新等(2004)认为知识链成员间的利益分配机制直接关系到知识链本身

---

① 顾新,郭耀煌,罗利.知识链成员之间利益分配的二人合作博弈分析[J].系统工程理论与实践,2004(7):24-37.
② 刘彦辉.供应链企业间知识链管理过程及提升模型研究[D].昆明:昆明理工大学,2006.
③ 顾新,李久平,王维成.知识流动、知识链与知识链管理[J].软科学,2006,20(2):10-12,16.
④ KIDD J, FRANKJÜRGEN R. Fighting corruption in Asia: causes, effects and remedies[M]. Singapore: World Scientific Publishing Company, 2003.
⑤ JUBERT A. Trust in knowledge management and systems in organizations [J]. Knowledge management review, 2005(7):32-54.
⑥ 王涛,顾新.知识链成员间相互信任的建立与演化过程研究[J].科技进步与对策,2010(14):8-10.
⑦ 顾新,郭耀煌,李久平.社会资本及其在知识链中的作用[J].科研管理,2003,24(5):44-48.
⑧ 叶苏,顾新.知识链成员之间的交互学习研究[J].科技进步与对策,2007(03):145-148.

的稳定性①;顾新等(2005)提出了知识链成员间利益分配的合作博弈模型。②

综上所述,现有文献对知识链管理的研究尚停留在理论层面,虽然在一定程度上突破了企业个体知识链管理,但是,对于中间组织知识链管理的研究还有待于深入,并且在研究方法上,也需要更多的实证加以检验。

(4) 知识链评价研究

蔡兵等(2006)运用标杆管理的方法构建了知识链绩效评价指标体系,实时分析,真实反映。③ 丁勇等(2007)认为,知识链绩效评价指标体系应综合考虑顾客价值创造、知识获取能力、知识共享与传播能力、知识创新能力、知识存量和知识管理平台6个方面。④ 刘长义等(2011)将模糊多指标评价方法引入知识链管理绩效研究,并根据模糊熵定义指标权重。⑤

2.3 知识服务文献研究

2.3.1 知识服务国内外文献可视化分析

在 Web of Science 核心数据库中采用高级检索方式,建立检索式。

---

① 顾新,郭耀煌,罗利.知识链成员之间利益分配的二人合作博弈分析[J].系统工程理论与实践,2004(7):24-37.
② 顾新,李久平.知识链成员之间的相互信任[J].经济问题探索,2005(2):67.
③ 蔡兵,顾新,王维成.知识链的绩效评价[J].四川大学学报:哲学社会科学版,2006(5):134-139.
④ 丁勇,梁昌勇,蒋翠清.基于证据理论的企业知识链绩效评价研究[J].科技管理研究,2007(9):245-248.
⑤ 刘长义,温海骏.基于模糊熵权的企业知识链管理绩效评价[J].安徽工程科技学院学报,2011(6):88-90,95.

主题：knowledge service；或（OR）主题：knowledge services；或（OR）主题：knowledge-based service；时间跨度：2003—2018；精炼类别：INFORMATION SCIENCE LIBRARY SCIENCE。检索时间为2018-01-15，共检索得到1 341条数据记录。将1 341篇文献以全记录（包含引用的参考文献）纯文本格式进行保存。统计各年度具体发文量，详见附录3图1。利用SATI文献题录信息统计分析软件将这1 341篇文献的关键词进行词频统计，最高标注频次的为knowledge management，共113次。关键词出现频次在8以上的共有73个关键词，具体信息见附录3表1，排在前面的有knowledge、knowledge sharing、innovation、information services、management、knowledge transfer、trust、knowledge creation、absorptive capacity等词，这对于后面的应用设计都起到了很好的启示作用。

在中国知网数据库中采用高级检索方式，建立检索式。主题为知识服务，时间跨度为2000—2018，选择新闻与传媒、出版和图书情报与数字图书馆学科领域，检索时间为2018-01-15，去除会议通知、征稿启事等，共检索得到1 717条数据记录，将1 717篇文献以纯文本格式进行保存，统计各年度具体发文数量，详见附录3图2。利用SATI文献题录信息统计分析软件对1 717篇文献进行关键词词频统计，最高标注频次的关键词为知识服务，共890次。关键词出现频次在9以上的共有76个，具体信息见附录3表2。排在前面的关键词包括知识管理、知识组织、服务模式、知识创新、知识发现、用户需求、知识经济、知识网络、知识共享、知识图谱、知识服务能力、嵌入式服务等。可以看出，国内外研究热点大致是一致的。

从"知识服务"在WOS和CSSCI中的高频关键词社会网络图谱及多维尺度图（附录3图3—图6），深度挖掘研究信息及研究方向，具体概述如下：

2.3.2 知识服务研究综述概要

(1) 知识服务模式

Kalakota 等(2003)①,Davenport(2005)②开发了基于知识服务的系统框架,通过支持客户知识服务的企业级系统平台实现传统零售业的转变。Hendriks 等(2006)提出将知识服务的研究与企业应用结合起来推动知识服务的市场化,并对知识服务的投资回报展开研究。③ Simard(2006)将知识市场描述为一个由相互关联环节构成的循环知识服务价值链,多个环节共同作用,相互融入、提升、获取价值以形成一个完整的行业,并从中产生行业效应和个人利益。④ 另外,Kantola 等(2012)还为政府科技部门开发了一个全面的知识服务系统模型,这个系统以知识创新为出发点,目的在于创造行业收益和个人利益,具有独立于知识内容、主题及行业组织的特点。⑤

对知识服务模式的研究文献基本上集中在国内图书情报界,文献数量虽多,但观点趋同,此处列举几位具有代表性的学者的观点。李桂华等(2001)提出四种知识服务运营模式:1)结构化参考服务模式。

---

① KALATOTA R, ROBINSON M. Services blueprint: roadmap for execution [M]. Boston: Addison-Wesley Professional, 2003.
② DAVENPORT T H. Thinking for a Living: how to get better performance and results from knowledge workers[M]. Boston: Harvard Business School Press, 2005.
③ HENDRIKS B, WOOLER I. Establishing the return on investment for information and knowledge services: a practical approach to show added value for information and knowledge centres, corporate libraries and documentation centres[J]. Business information review, 2006, 23(1): 13-25.
④ SIMARD A. Knowledge markets: more than providers and users[J]. BGD Internet Research Society transactions. 2006(2): 4-9.
⑤ KANTOLA J, KARWOWSKI W. Knowledge service engineering handbook [M]. Boca Raton, FL: CRC Press, 2012.

组织稳定的人力资源,结合用户个体差异性,提供连续个性化知识服务;2) 专业化咨询团队模式。细分专业学科领域提供专业化信息咨询服务;3) 律师模式。组织专业人才为用户提供定制化、标准化服务,解决用户实际问题;4) 顾问公司模式。灵活广泛地引入行业领域专家为用户提供嵌入式知识服务。[①] 张开凤等(2005)结合信息网络技术提出了知识服务的网络化模式:1) 参考咨询服务模式。基于问答形式而实现的知识服务,包括交互式、异步式、专家式和合作式。2) 信息系统服务模式。根据用户连续性业务活动而提供的系列化、专业化信息服务,包括个性化定制服务模式、专业化项目服务模式、智能化学习服务模式。[②] 刘品阳等(2009)提出,运用跨库检索、互联网采集、知识关联等技术手段为用户提供个性化、知识化、协同化、即时化的知识服务。[③] 李文博(2014)运用案例研究了企业孵化器创业知识服务的商业运营模式。[④] 古志文等(2014)研究了知识服务与信息服务的融合发展模式。[⑤]

潘星等(2006)提出知识管理的系统架构,有利于实现互联网知识管理中知识共享和知识重用。[⑥] 黄河等(2006)提出应根据用户需求构建开放知识服务体系实现协同工作和决策支持。[⑦] 刘昆等(2007)构建

[①] 李桂华,张晓林,党跃武.知识服务之运营方式探索[J].图书馆,2001(1):18-22.
[②] 张开凤,杜也力.知识服务的网络化模式构建及实施[J].科技情报开发与经济,2005,15(12):1-3.
[③] 刘品阳,孙滔.知识服务平台的研究与设计——陕西省主导产业科技服务平台建设[J].计算机技术与发展,2009(12):248-250.
[④] 李文博.企业孵化器创业知识服务的商业运营模式:一个多案例研究[J].研究与发展管理,2014(1):89-101.
[⑤] 古志文,陈春,吴新年.支撑企业技术创新的知识服务模式研究——知识服务与信息服务融合发展的视角[J].科技进步与对策,2014(7):131-135.
[⑥] 潘星,王君,刘鲁.一种基于Web知识服务的知识管理系统架构[J].计算机集成制造系统,2006(8):1293-1299.
[⑦] 黄河,程勇,史忠植,等.语义Web中开放知识服务体系的研究[J].计算机工程,2006(11):58-60.

了基于语义 Web 的知识服务系统模型。[1] 夏立新等(2008)将知识服务模型分解为 5 个模块：知识采集模块、知识处理模块、知识存储模块、知识服务模块和知识转换模块。[2] 张墅等(2009)融合知识重用和知识服务，提出了面向设计知识重用的知识服务系统架构。[3] 陈代春(2008)认为知识服务依托现代信息技术面向用户任务和客观环境，对获取的知识进行分析、重组、定制、挖掘和传递，为用户提供科学、系统、有效的知识资源及问题解决方案，可以有效支持知识开发和知识共享。[4] 刘军等(2014)建立了面向多样化、隐性模糊用户需求的分层知识服务模型。[5] 蒋勋等(2014)在给出知识库知识规则约束的基础上，着重研究知识更新和新知识生成。[6] 针对开放式创新环境，张庆华等(2014)给出实现知识服务体系的关键技术，并强调要构建交互式创新平台。[7] 李颖新等(2014)提出利用云计算把握用户知识需求度，通过知识评价实现知识过滤。[8]

(2) 知识服务能力

知识服务能力研究目前主要集中于图书馆和情报学领域，研究范围涵盖知识服务能力的构成要素、评价指标和实现途径等。

---

[1] 刘昆,牟冬梅,沈秀丽.基于语义 Web 的知识服务[J].情报杂志,2007(12)：114-116.
[2] 夏立新,韩永青,邓胜利.基于知识供应链的知识服务模型研究[J].中国图书馆学报,2008(02)：60-64.
[3] 张墅,朱东华.面向设计知识重用的知识服务系统架构[J].经济管理,2009(9)：136-141.
[4] 陈代春.高校图书馆知识服务平台构建探析[J].情报科学,2008(26),841-844.
[5] 刘军,金淑娜.Kaas 知识即服务：面向读者需求的分层知识服务模型及实践[J].情报科学,2014(3)：55-60.
[6] 蒋勋,徐绪堪,苏新宁,等.知识服务驱动的知识库框架系统内的逻辑架构[J].情报理论与实践,2014(10)：125-129
[7] 张庆华,彭晓英,杨姝.开放式创新环境下的企业知识服务体系研究[J].科技管理研究,2014(19)：133-136.
[8] 李颖新,敬石开,李向前,等.云制造环境下基于用户行为感知的个性化知识服务技术[J].计算机集成制造系统,2015,21(3)：848-858.

李鹏翔(2008)认为知识服务能力是机构针对用户需求,整合各种资源,挖掘隐性知识,提炼显性知识,并将其转化为能够解决用户实际问题的能力。① 穆颖丽(2011)提出应从服务理念、人才管理、学术素养、信息素质、服务增值、激励机制等方面,提升高校馆员知识服务能力。② 刘佳等(2012)提出知识服务能力的评价指标应包含知识获取能力、知识组织能力、知识开发能力、知识服务提供与保障能力四个方面。③ 任萍萍等(2013)运用分层理论将知识服务能力划分为要素载体层(客体要素层和主体要素层)和不同功能层(采集获取、消化吸收、动态创新和服务运行)。④ 靳晓恩(2013)利用知识发现工具构建用户知识发现模型,并提出有效提升个性化知识服务能力的相关建议。⑤ 周莹等(2016)提出从过程能力与基础资源能力两个维度构建数字图书馆知识服务能力成熟度模型,并确立了评价体系及权重指标。⑥ 朱怡等(2012)针对战略创新和知识服务的含义和特点,提出应从资源、文化、管理、技术、平台、人力保障6个方面加强知识服务能力建设。⑦

(3) 供应链知识服务

温浩宇等(2004)提出供应链知识服务系统,采用 UDDI(Universal Description, Discovery, and Integration)协议标准解决动态知识的发

---

① 李鹏翔.面向图书情报领域的知识服务能力及评价研究[D].南京:南京理工大学,2008.
② 穆颖丽.高校图书员的知识服务能力建设[J].图书馆,2011(5):101-103.
③ 刘佳,李贺.数字图书馆知识服务能力理论与实证研究[J].情报理论与实践,2012,35(9):74-78.
④ 任萍萍,任通顺.嵌入能力理论的数字图书馆知识服务能力解析[J].情报资料工作,2013(4):101-103.
⑤ 靳晓恩.基于知识发现的数字图书馆用户信息知识化管理研究[J].图书馆学研究,2013(17):18-20,34.
⑥ 周莹,刘佳,梁文佳,彭鹏.数字图书馆知识服务能力成熟度评价模型研究[J].情报科学,2016(6):63-66.
⑦ 朱怡,毕世栋.面向战略创新与知识服务能力构建的研究[J].图书情报工作,2012(2):137-139.

布和集成问题。① Wang(王道平)等(2011)提出,敏捷供应链知识服务通过知识交互和共享产生协同价值,以成员的即时知识需求为驱动,从各种显性和隐性信息资源中挖掘有价值的动态资源快速响应,通过平台共享为敏捷供应链成员提供智力支持。② 王道平等(2009)提出知识服务语义检索模型,描述供应链成员知识管理系统中的知识语义,与用户的查询条件进行语义分析、信息匹配、扩展推理。③ 王道平等(2010)提出,敏捷供应链知识服务由服务主体、服务客体、服务过程以及技术支撑四要素构成,并进一步提出知识服务选择模型。④ 肖亮(2011)运用物联网和云计算设计了物流园区的供应链知识服务管理平台。⑤

知识服务显然已经成为知识管理领域的新研究热点,现有成果多集中于图书情报领域,在学术出版知识管理中还没有得到普遍和有效的应用。现有研究方向主要集中于对基础理论的系统分析,缺少实践性地深入展开,对知识资源的建设与保障、参考咨询服务、知识推送服务、学科知识服务、知识导航服务等方面的研究较少;对产业集群、企业竞争、协同工作、知识服务能力的研究,以及知识发现、知识挖掘、知识组织、知识地图以及语义网等在知识服务中的应用也缺乏深入分析。

本研究在知识服务已有研究成果的基础上,充分考虑学术出版知识主体行为的多样性和知识服务的网络性,将对学术出版知识服务体

---

① 温浩宇,陶俐言,徐国华.基于 UDDI 的知识服务[J].计算机工程,2004(11):157-158.
② WANG D P, ZHOU Y, WANG Y Z. Study on the formation and evolvement mechanism of the knowledge service network in the agile supply chain. Advanced materials research, 2011(225), 469-474.
③ 王道平,刘涛.基于本体的敏捷供应链知识服务检索模型研究[J].情报杂志,2009(12):118-121.
④ 王道平,贾洁,郝玫.基于 Web Service 的敏捷供应链知识服务系统设计[J].图书情报工作,2010(5):106-109.
⑤ 肖亮.基于物联网技术的物流园区供应链集成管理平台构建[J].电信科学,2011(27):54-60.

系的构建及知识服务过程、知识服务能力等问题展开深入研究。

2.4 研究述评

总体来看,以知识链为视角探究学术出版的知识服务问题,相关研究成果还相对有限,尚未形成成熟的体系结构,本研究认为还需要在以下两个方面进行更为深入的理论探索与实证研究。

(1) 深入研究学术出版知识链与知识服务核心能力之间的问题

在知识经济时代,学术出版要从根本上拓展知识服务领域,挖掘知识服务深度,必须加强自身知识服务核心能力建设。不同的时代,核心能力建设有不同的路径选择。

1) 依靠自身力量提高知识服务核心能力。依照 Arthur(1989)[1]的路径依赖原理,核心能力的培养需要长期积累,与组织的知识存量相关。消费者容易对市场领先产品形成路径依赖,给组织带来竞争优势。信息技术推动了新产品、新服务的快速迭代,组织单独依靠自身力量完成知识积累,进行技术创新,很难获取竞争优势。

2) 通过市场经营手段外部获取知识,提高知识服务核心能力。Polanyi(1966)[2]认为知识有显性与隐性之分。显性知识能够被描述、编码(codify)及传递,广泛存在于产品、数据库及文本中;隐性知识抽象、非结构化,广泛存在于人们的经验与惯例中。显性知识可以通过市场经营手段获取,而隐性知识的获得则必须经过实践积累验证,也就是 Prahalad 和 Hamel 所称的积累性学识,这是知识服务核心能力的

---

[1] ARTHUR W. Competing technologies, increasing returns, and lock-in by historical events[J]. Economic journal, 1989, 99(394): 116-131.
[2] POLANYI M. The tacit dimension[M]. London: Routledge and Kegan Paul, 1966.

来源。

3) 通过组织间合作获取外部知识、提高知识服务核心能力。组织可以通过内部长时间实践总结获取积累性学识,也可通过与外部组织形成合作联盟,实现长期知识互补和知识共享,转移隐性知识,提高创新能力。根据 Becker 等(1992)[①]的知识分工与积累原理,不同专业知识的协同整合有利于克服知识投资的不确定性,降低投资风险,提高投资收益。知识链正是这样一种联盟形式。

4) 通过知识链连接组织间合作便于组织获取知识,缩短新产品、新服务上市周期,提高核心能力。知识经济社会,依托知识链结构,采取开放创新结网战略获取知识资源,可以快速提升组织核心竞争能力。

(2) 深入研究学术出版的知识价值链

Weggeman(1997)[②]提出了含有知识共享、应用、评估和循环四过程的知识价值链。学术出版知识服务就是要在知识传播的过程中实现价值增值。知识价值链与核心竞争力具有共同的知识本质,知识价值链的核心依附于组织业务流程中的知识资源,而核心竞争力依附于组织中的积累性学识,共有的知识属性为两者建立了内在的必然联系。赵春雨(2011)认为,知识价值链通过连接不同企业的知识系统,组合成丰富高效的知识共享体系,可以有效提升组织的知识管理能力及核心竞争力。[③] 目前对于两者的研究大多以定性研究为主,没有充分利用不同行业特性阐释两者之间相互作用机理,也没有

---

① BECKER G S, MURPHY K M. The division of labor, coordination costs, and knowledge[J]. The quarterly journal of economics, 1992, 107(4): 1137 - 1160.
② WEGGEMAN M. Kennismanagement: inrichting en besturing van kennisintensieve organisaties[M]. Schiedam: Scriptum, 1997.
③ 赵春雨.基于知识价值链的企业知识转移模型与绩效评价研究[J].情报杂志, 2011, 30(1): 130 - 135.

进行实证量化检验。

本研究重新梳理学术出版业务流程,分析知识服务过程中的知识流和价值流,希望从本质上帮助学术出版机构提高核心竞争力,保持持续的竞争优势。

第三章
学术出版用户分析

在新媒体时代,出版商业模式创新研究不断深入,技术、法规或资金等人们所熟知的因素不再是创新的原动力,多样化、个性化的用户需求不断涌现。学术出版开展数字化知识服务,必须从用户的角度展开梳理,从终端需求逆向思考,实现价值创新。所谓学术出版用户,是具备一定知识储备,具有阅读能力和阅读需求的社会群体,是学术出版市场现有或潜在的终端消费者。

在传播学研究领域,对用户研究主要包括以下三方面:(1)用户类型分析。从不同的角度细分用户类型,比如学术出版机构可以根据年龄、性别、职业、教育背景、品牌忠诚度、行为目的、地理位置等因素对用户进行划分。针对不同类型用户群的特点,判断其价值,并进行服务等级划分,优化组合,定制有针对性的营销策略和服务方式,更好地实现学术出版的社会价值。(2)用户需求分析。随着科技的发展,用户对学术出版产品和服务的需求不断向纵深化发展,注重资源的时效性、跨界的通识性以及呈现方式的人性化,因此,为用户提供专业、深入、精准的知识服务是学术出版进一步发展的必然选择。(3)用户行为分析。每一类型的用户群都具有明显的、共同的行为特征,不同类型的用户群也存在相互影响的行为规律,通过交叉比对,可以及时发现用户群体间的行为变化规律。

本章主要进行学术出版用户知识需求分析和阅读行为分析两方面的研究。

3.1 学术出版用户知识需求分析

3.1.1 学术出版用户知识需求特点

随着时代发展和社会进步,学术出版必须进一步聚焦用户需求,精确定位、深度剖析。其中,发现需求是前提,刺激需求是关键,引导需求是保障。

(1) 专业化

学术出版用户根据学科专业划分进行学习和研究,在同一专业领域内又细分为不同的研究分支。由于工作任务和知识积累与更新的需要,用户在知识获取和创新的过程中,对该专业领域知识的需求会越来越多、越来越深入。用户需要学术出版提供的与其业务工作或专业方向广泛多样的内容资源,这就要求学术出版机构应逐步完善嵌入型的知识服务保障措施,及时开拓综合性、多元化、系统化的全过程、全方位知识服务业务。对用户关注的专业知识领域发布最为权威的信息,坚守内容传播的专业性和权威性。

(2) 交叉性

在强调学科融合、发展创新的今天,跨学科、跨领域的研究越来越多。用户对知识的需求不再局限于本专业领域范围,他们希望在完善本学科知识架构的基础上,能大量获取相关学科知识,突破长期形成的专业思维惯性和局限,实现交叉借鉴、创新高效地解决本领域问题。

(3) 个性化

信息冗余、信息过载加速了定制化知识服务需求的迫切性。用户希望学术出版机构能根据自己的教育背景、知识结构、知识能力、行为习惯以及具体任务需求主动提供针对性的知识服务，从根本上降低时间搜索成本，提高绩效。个性化知识需求既体现在知识内容的个性化定制上，也体现在知识组织形式、传递载体和呈现方式等方面的个性化差异上。

(4) 交互性

随着社交网站及数字阅读平台的推广、网络安全手段的强化，用户变被动接受服务为主动参与自助式服务。学术出版用户希望能够直接获取同行建议和意见，能够与该领域专家进行点对点的专业沟通与交流。用户之间、用户与知识服务提供者之间的交流合作越来越频繁，知识需求的交互性越来越明显。

(5) 集成化

学术出版的用户群体划分标准相对明显，不同教育背景的用户群在专业素养方面差异显著，社会整体的知识需求层级化明显。就个体而言，专业研究的深入和知识结构的完善，用户知识需求会由浅入深、由粗及精地递进。用户需求的递进演化一定程度上加快了现代学术出版知识服务新机制的形成。从事高科技领域研发的学术出版用户已经不再满足于一般性知识服务，他们更需要学术出版机构将分散在本专业领域及相关专业领域的知识信息集中、重组、二次开发、个性化分拣打包。

(6) 开放性

在"开放、自由、协作、共享"的互联网精神指引下，各种知识资源交叉融合结网。在知识网中，知识具体体现为知识因子和知识关联。这种开放性的知识结构决定了用户知识需求的开放性。用户对知识因子的需求是知识需求的基本要求，对知识关联的需求才是产生新知识的关键因素，也是用户知识创新能力提高的重要支持。

3.1.2 学术出版用户知识需求分层

在数字时代,学术出版用户已经不再简单地满足于文献信息资源获取、数据库查询等传统服务,他们的需求更加多样、隐性,不断延展。本研究对学术出版用户知识需求进行分层研究,将一些隐性的、模糊的需求显性化、确定化,有助于学术出版机构更好地开展知识服务。

(1) 知识更新需求

知识更新需求作为知识需求的最低层次,是指用户在获取相关知识资源的基础上实现知识储备的查缺补漏,与时俱进。这是学术出版机构开展知识服务的基本要求,也是拓展更高层次知识服务的基础。

(2) 知识管理需求

传统的学术出版用户知识管理需求主要包括3层含义:第一,对已有知识进行组织管理;第二,在知识更新的基础上,构建自己的知识特色;第三,交叉借鉴,实现隐性知识的显性化,激发知识创新。总体来说就是在实现显性知识序化整理的基础上,进行知识结构的自我评估及补缺建构,最后交叉借鉴实现隐性知识融入贯穿成为有机的一体化的知识。

在数字时代,用户获取资源的成本和差别越来越小,泛知识源往往会使用户陷入知识过载的恐慌中。用户知识管理的需求比以往表现更为强烈,面向这一层次的知识服务,学术出版机构一方面应当对自身进行知识管理,将信息采集、聚合、挖掘等处理后,再向用户提供知识服务,如提供学科导航、RSS 订阅等服务;另一方面,应对用户进行知识管理培训或提供知识管理平台,协助用户完成自我知识管理。

(3) 知识交流需求

知识交流的概念是指通过正式或非正式交流平台(或渠道),将隐性知识显性化,从而达到知识传播、知识转移、知识吸收、知识共享和知识创新的目的。① 知识交流是双向沟通互动的过程,包括知识贡献和知识获取两个方面,目的在于知识共享和知识创新,提供者和接收者只有拥有一定的知识储备才可能实现知识资源在他们之间的流转升值。知识交流与信息交流有着很大的区别,知识交流重点在于将他人的知识贡献内化为自身的知识和能力,所以首先应当激励和保障知识提供者的知识共享热情。

知识交流加速了隐性知识的显性转化,只有这样才能实现知识共享,达到知识创新的目的。这一层次的需求得不到满足,对于用户知识获取、知识更新的热情和效率都是一种打击。

(4) 知识评价需求

用户在知识共享和交流中,要实现对自身专业研究价值的肯定,建立对他人专业研究价值的尊重,需要科学、有效、合理的知识评价机制。通过科学评价,不仅可以建立学术地位和声望,获得尊重,更重要的在于激发用户潜心研究的积极性。用户的知识评价需求可以进一步细分为三个层次:1) 内部认同,即获得团队范围内的认同。2) 专业认同,即获得所在专业范围内的认同,通过参与知识管理的过程,用户自身的知识背景、知识传授能力、知识学习能力、知识创新能力、技术水平以及专业素质、团队组织能力、执行力等能力与素质获得行业专家的认同。3) 社会认同,即获得社会范围内更加广泛的认同,形成更好的社会效益。

(5) 知识创新需求

知识创新是最高阶的用户需求,德鲁克(Drucker)曾将知识创新定义为:在参与者原有知识的基础上,由某种动议或创意引导,通过群体成员大量的个人思维活动,伴随着成员之间的知识交流,相互反复激

---

① 杨瑞仙.知识交流内涵和类型探讨[J].情报理论与实践,2014(3):12-15.

发、评价、修正,逐渐形成新的知识,达到新的知识状态①。知识创新是通过知识的扩散碰撞、集成融合实现知识资源重新配置,激发新思维、创造新方法、探索新规律,最终实现价值增值的过程。

每一层次的用户需求,都存在一体两面的特征,既有确定性也有模糊性。确定性需求清晰明了,可被学术出版机构准确把握;模糊性需求则需要学术出版机构进行挖掘引导,使其边界得以清晰界定。

3.2 学术出版用户阅读行为分析

知识产品是一种特殊的商品,是物质与精神的集合体。其物质价值通过用户的购买行为来实现,其精神价值则通过用户的阅读行为来实现。因此,知识产品的双重属性决定了研究用户阅读行为方式的重要性。本研究以 2016 年上海市民阅读状况调查数据作为数据来源,选取以科研人员、医生、教师、编辑、记者为代表的各类专业技术人员以及大学生群体,研究他们在传统阅读和数字阅读方面主要的行为表现,为下一步数据建模设计研究假设提供分析支持。

(1) 传统阅读方式依然强劲

在"互联网+"时代,手机、电脑、ipad 这些便捷的上网工具对于专业读者阅读的影响绝对不可低估,海量内容加之不断提升与扩展的性能与功能造就了数字阅读的明显优势,这对于专业读者首选的阅读方式产生了明显的作用,虽然"传统阅读"依然表现强劲,但是它与"数字阅读"差距的缩小也是不争的事实。

---

① DRUCKER P. Post-capitalist society[M]. London: Butterworth Heinemann, 1993: 25-27.

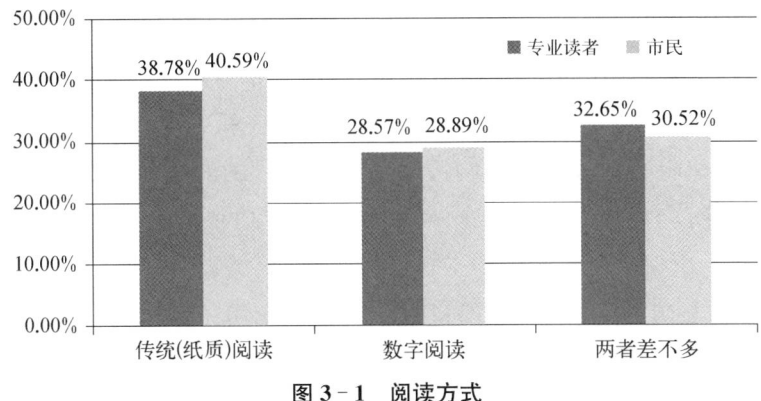

图 3-1 阅读方式

从图 3-1 可以看出,专业读者在进行传统阅读方面比上海市民平均水平低 1.81 个百分点(2014 年是 3.68%),但传统阅读依然占据主要地位。同时,从历年数据来看,专业读者的数字阅读接触率逐年递增的趋势越来越明显。

(2) 数字阅读时间分配占比高

忙碌紧张的工作状态和生活方式促使用户始终在寻找更加便捷的阅读方式,多样化的阅读平台、阅读 APP、阅读器都成了推动数字阅读时间比例上升的重要因素。从图 3-2 可以看出,专业读者在进行数字阅读耗时比例高于上海市民平均水平 5.28%。

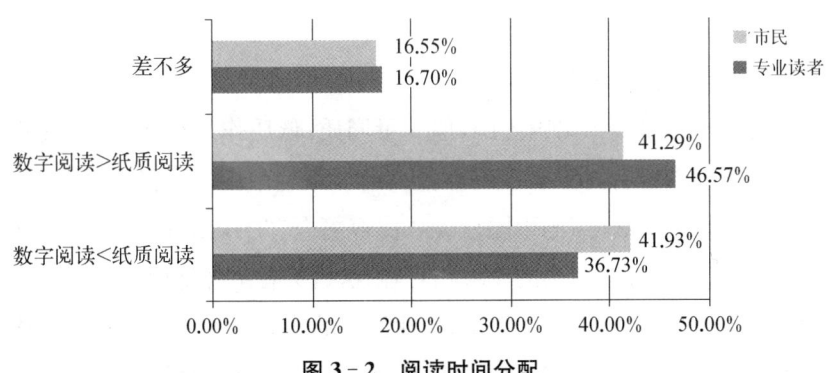

图 3-2 阅读时间分配

(3) 阅读目的实用性较强

当下文化内容消费形式日趋多元化,但读者对于生活品质的提高、个人素养的完善、工作能力的提升,也一直秉承着不变的追求,此种精神追求直接表现为对阅读态度和阅读目的的选择。图3-3显示,专业读者阅读动机的正向、稳定、自主、非功利趋向表现得非常明显;行为更偏重于实用性,"工作、研究或学习需要"高于上海市民平均水平 4.46%。专业读者经过多年的研究学习,已经将阅读行为内化为一种个人的生活习惯,比例上高于上海市民平均水平 2.74 个百分点。

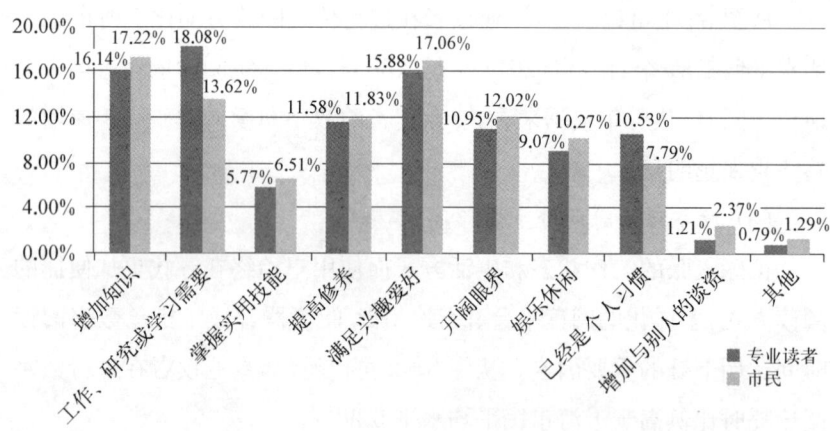

图 3-3　阅读目的

(4) 购买纸质图书更加理性

我国虽然是一个出版大国,但大量同质、低质作品充斥市场,读者在选择阅读内容有时需要表现出极大的理性与谨慎。在崇尚"眼见为实"和信奉"熟人效应"的中国社会,"内容简介""书名或目录""熟人推荐"对于图书内容和市场的反映相对客观,购买者更容易信赖熟人的阅读经验。而从图 3-4 可以看出,专业读者的购买行为相比上海市民整体水平则更容易受到"有影响力人士或专业机构的推荐""媒体的书讯和书评"方面的影响,说明中性、客观、专业的同行评介对于一个健康的学术出版市场十分必要,也更容易被理性的专业读者所认可。

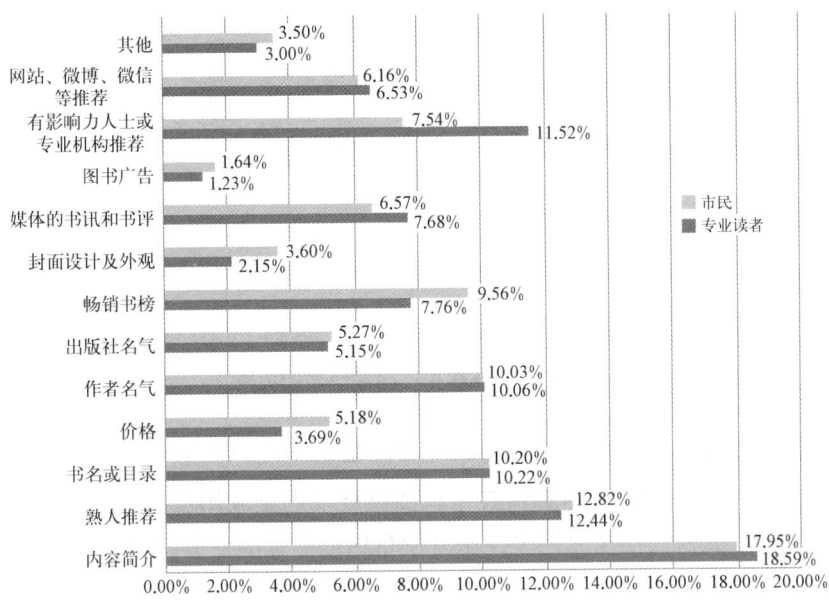

图3-4 影响纸质图书选购的因素

(5) 侧重传统阅读的逻辑延展性

从专业读者选择传统阅读的考虑因素来看,更加印证了专业读者的阅读行为某种程度上更倾向于深度阅读,更侧重于逻辑思维的延展。专业读者在"需要深度阅读"时选择传统阅读的占比高出上海市民平均水平5.02个百分点,在"专业性强"方面高出上海市民平均水平1.56个百分点,在"考虑资料的权威性、学术性""无数字版"等方面的比例也均高于上海市民平均水平。

(6) 数字阅读终端多元化

从图3-6可以清晰地看出手机以压倒性优势位列专业读者数字化阅读终端第一位,但比例上低于上海市民平均水平2.36个百分点。迅速享有、快速浏览的便捷性成为专业读者选择手机阅读的主要原因。

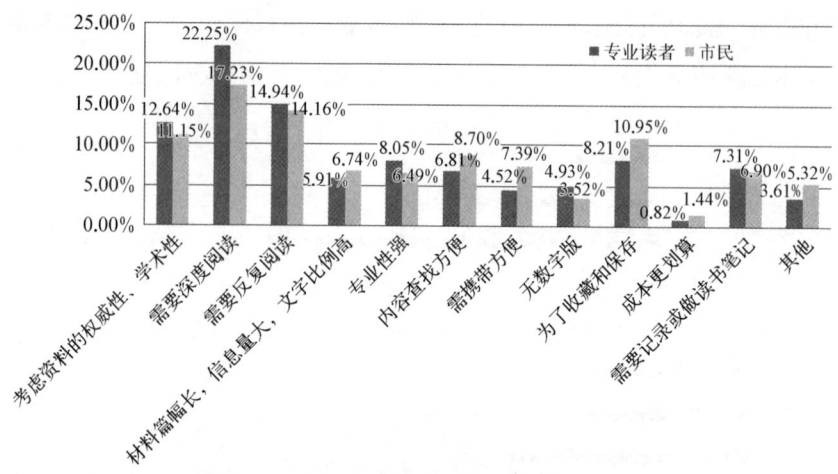

图3-5 选择传统阅读的考虑因素

时代再进步,阅读所承载的使命与功能也是不应该彻底改变的。随着人工智能的不断发展,如何在手机阅读终端上延续用户思考问题的逻辑性和连续性,应该是学术出版数字化转型面临的重要问题之一。

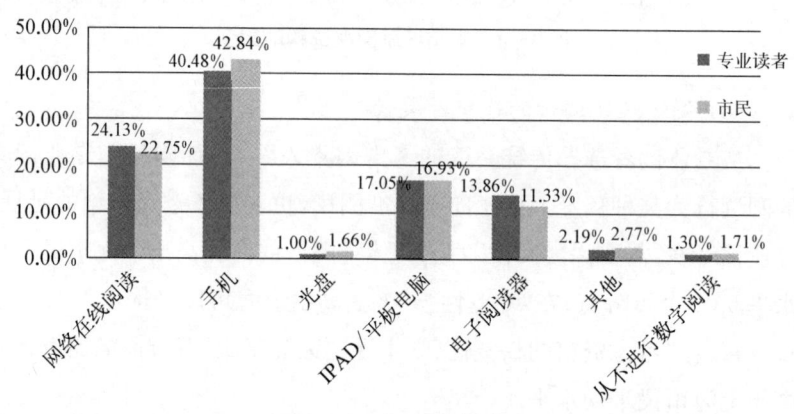

图3-6 数字阅读终端

(7)移动阅读时长较高

近几年,移动阅读的内容资源表现形式多元化趋势明显,有声书、多媒体书甚至是VR书不断刷新着读者的阅读观感。从图3-7可以看出专业读者更倾向于长时间的移动阅读。选择移动阅读"2 小时以上"的占比高出上海市民平均水平 4.25 个百分点,"1—2 小时"以上的专业读者占比也高于上海市民平均水平 4.05 个百分点。

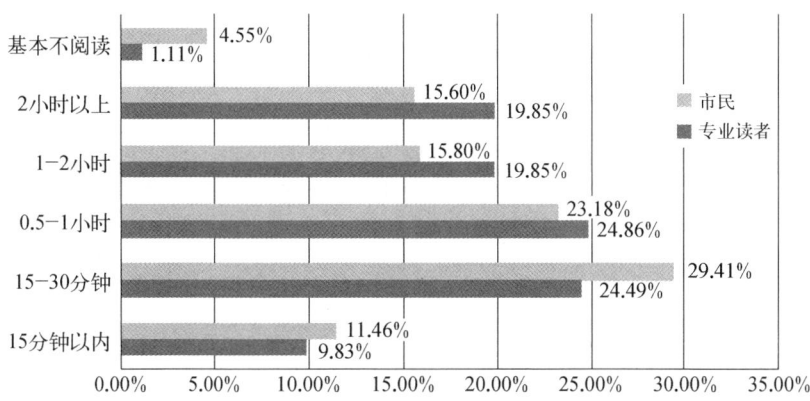

图 3-7　移动阅读时长

数字阅读从总体上来讲,碎片化现象是明显的,所以时事新闻、生活信息成了上海市民数字阅读的主要内容。但相比上海市民,专业读者在数字阅读领域更倾向于"专业资料""学习资料"的阅读(如图3-8所示),这从侧面很好地说明了专业读者移动阅读时长较高的原因,这

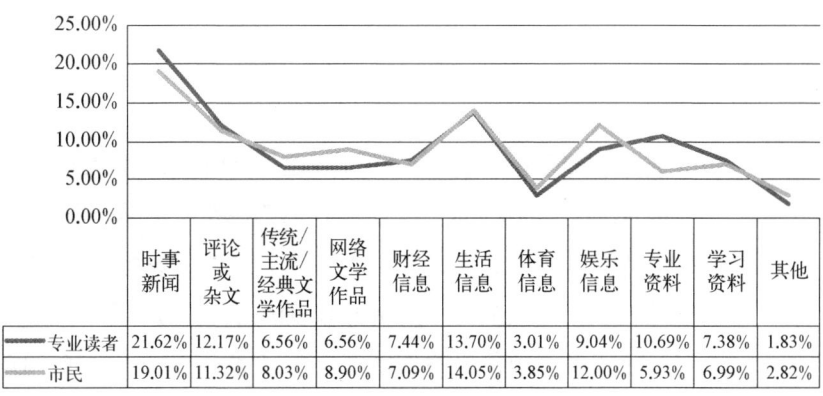

图 3-8　数字阅读内容

也为知识付费服务的进一步开展奠定了基础。

(8) 对数字阅读更挑剔

从图 3-9 可以看出专业读者相对于上海市民来说在数字阅读方面更加挑剔，对于编排质量、学习记录的便捷性、是否适合精度阅读等方面要求较高。虽然数字阅读优势明显，但仍摆脱不了长期处于"检索型"或"吸取信息型"状态。学术出版机构应当置身于读者立场，从阅读目标、阅读内容、表现形式、阅读感受等方面进行知识产品改进、知识服务完善，这才是学术出版数字化转型在博弈中取得优势的根本方略。

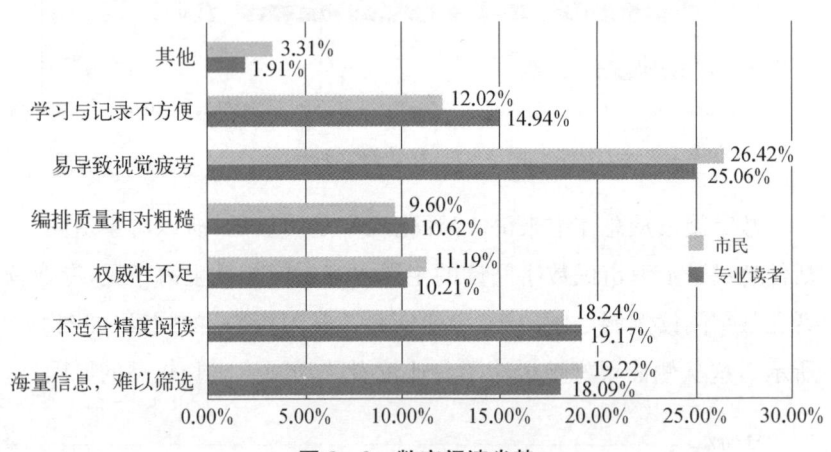

图 3-9　数字阅读劣势

(9) 付费阅读可塑性较高

从图 3-10 可以看出，无论是专业读者还是上海市民，付费阅读习惯都还在培养的过程中，超五成的比例选择阅读免费电子书。但是，专业读者在高付费阅读方面的人数占比要高于上海市民平均水平，花费 70 元以上购买电子书的人数占比高出上海市民占比 3.52 个百分点，这从侧面说明专业读者对于价格的敏感度要明显低于普通读者，他们在知识服务付费领域的可塑性较强。

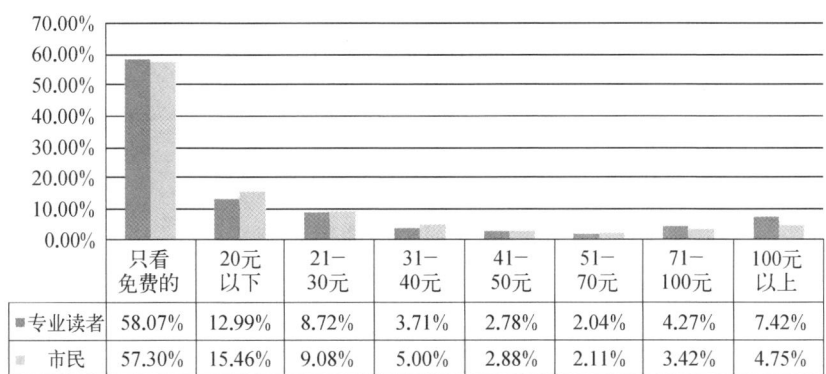

图 3-10　电子书消费情况

（10）对数字阅读的交互性、沉浸性体验要求较高

从图 3-11 可以看出，专业读者对于数字阅读的交互性、跨平台共享，获取便利，视觉听觉全方位感受，方便信息检索的要求占比均高于普通市民。一定程度上反映出专业读者在进行数字阅读时不仅仅是一种知识获取，更多的在于能够便捷地实现知识管理、知识分享和知识服务体验。学术出版数字化知识服务不仅仅是提供优质的内容，还要兼顾用户的这些需求。

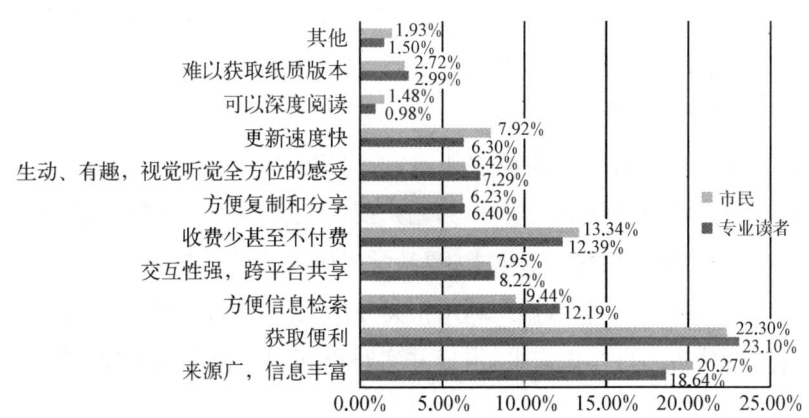

图 3-11　选择数字阅读的原因

3.3 多元化媒介对学术出版用户阅读的影响

在信息时代,多元化媒介带给用户的阅读影响是两面的,既有积极的也有消极的,使得学术出版与知识传播模式的变革成为不可逆转的趋势。

(1) 对学术出版用户阅读的积极影响

1) 能够明显提高阅读效率

传统的阅读主要以文字为主,新媒介依靠数字技术推动了知识的全方位立体传播,使得用户在阅读文字的同时可以伴有声音、影像、色彩等一些更为直观的因素,充分发挥用户视觉、听觉、触觉等各种感官的敏锐性,大大提高阅读专业学术材料的有效性。

此外,用户在学术研究的过程中,都希望能最大限度地占有相关领域文献作为研究参考。各种语义自动识别技术的发展,运用搜索引擎、检索系统进行知识检索日益成为学术研究的主流方式。

2) 能够满足个性化阅读需求

随着专业学科的纵深化发展,用户专业知识的精细化需求愈发明显。传统媒介环境下,知识资源以相对独立的方式存在着,缺乏行之有效的组织、分类、管理以及深入开发的机制。新媒介环境中,阅读服务处于开放、动态和自适应的框架内,可以用户个性化信息需求为出发点,对阅读资源进行组织整合,为用户提供主动服务和增值服务,满足不同用户群的个性化知识需求,提升学术研究的质量与水平。[①] 目前,已经有不少学术期刊数据库利用相关分析软件对用户访问行为进行追踪挖掘,分析用户知识需求,形成并实时更新用户信息数据库,简化用

---

① 李俊.数字时代的多元化阅读[J].长江论坛,2011(2):94-95.

户获取相关资源的过程。

3)能够增强阅读互动

传统的阅读过程是一个静态的、相对被动的接受过程,知识单向传递,传者和受者之间几乎没有交流沟通。但新媒介技术激励并强化了传者和受者的交流互动。"超人际互动理论"认为,网络人际互动所形成的关系强度有时会超过面对面的人际沟通,该理论认为网络传播能够为人们提供更有效选择性自我呈现的条件,从而能够塑造更好的自我形象。[①]

新媒介环境激发了用户阅读的积极性和参与性,提升了用户在知识传播中的地位和力量,拓宽了学术知识传播的广度和深度。

(2) 对学术出版用户阅读的负面影响

1)造成浅阅读泛滥

浅阅读并不等于数字阅读,但浅阅读的泛滥与新媒介环境是分不开的。互联网不受时空限制的特性导致网络信息冗余激增,铺天盖地的信息量高频刷新着用户的记忆。现代社会,工作生活节奏快,大多数学术出版用户疲于应付各种考核、工作压力等,真正用于阅读的时间骤然减少。囿于时间和精力的有限性,用户进行功利性阅读的倾向在新媒介环境下更为明显。

2)造成媒介依赖增强

新媒介环境的便利性、丰富性,造成用户对网络的依赖性凸显。"媒介依赖论"认为,如果一个人越依赖通过某个媒介来满足需求,这个媒介在他的生活中扮演的角色就越重要,对他产生的影响力也越大。[②]许多科研人员太过于沉浸在网络的世界中,对网络上的信息缺乏实事

---

① 吴小坤,吴信训.国际视野下新媒介研究的沿革与动向[J].新闻与传播研究,2011(1):28-40.
② 谢新洲."媒介依赖"理论在互联网环境下的实证研究[J].石家庄经济学院学报,2004(2):218-224.

求是的判断与择取,学术论文造假、抄袭现象频频出现,不仅扭曲了新媒介为学术研究服务的宗旨与初衷,同时有损于学术出版的权威性和严肃性。

（3）学术出版数字化转型应有效发挥用户作用

学术出版价值的构建不是由哪一方主体可以独立实现的。用户在知识更新、知识管理、知识交流、知识评价及知识创新需求实现的过程中完成对学术出版价值的解读、评判、重组和实现。学术创造需要用户回响。没有用户的回应和追问,一定程度上是对作者科研创造欲望的打击,更是对学术出版选题策划的一种否定。

用户并非被动的信息接收者,具有相当的主动权,对信息的选择方式在某种程度上决定着学术出版的传播观念和行为,影响着传播方针的决定、传播内容的选取、传播风格的形成、传播策略的选择。[1] 因此,学术出版必须尊重用户的阅读心理和审美习惯。同时,应当把用户与作者的互动当作评价学术价值的重要途径之一。通过学术争鸣、研究成果价值判断,以及研究过程评论,形成一套科学共同体在自然状态下进行成果评价的同行评议制,客观深入地开展学术评价。[2]

总之,学术出版在数字化转型的过程中,一定要注意发挥用户思维创新、价值判断、成果转化、传播扩大等方面的重要作用,为学术出版知识服务的开展建立良好的基础。

3.4 学术出版的用户关系管理

学术出版用户关系管理,是指学术出版机构通过完善的用户服务、

---

[1] 杜敏.论受众对编辑传播的影响[J].编辑学报,2003,15(1):4-6.
[2] 阮全贵,高永东.学术争鸣与基础研究成果的评价[J].科技管理研究,1997(5):25-27.

富有意义的用户沟通和深入的用户分析,不断了解用户需求,持续改进产品和服务,求取用户最大化的满意,最终实现学术出版竞争优势的一种管理理念和管理策略,实质是将用户信息转化为积极用户关系的反复循环过程。它要求学术出版机构在全面认识用户的基础上,与用户建立互动、互信、互利的关系,并维护、拓展这种关系。用户关系管理中的基本活动包括用户细分、用户获取、用户保持和用户升级。

(1) 用户细分

用户细分的标准有很多,考虑到学术出版的直接目的在于推动学术文化消费,因此本研究以用户受学术出版营销影响作用的大小为划分标准。

1) 目标明确型用户

这类用户有明确的阅读目的和阅读计划,对自我的知识需求了解深刻,自我支配能力较强。目标明确型用户对作者品牌、学术出版品牌有较强的认牌消费倾向,用户忠诚度和黏度较高。也正是基于明确的阅读目的和阅读计划,他们受到学术出版营销策略的影响较少。这一类型的用户群其实从内部结构来看也并不一致,不同的职业、年龄、收入、教育背景都会造成差异。比如研究文学的学者和喜爱影视动漫的青少年本属于不同的阅读群体,但只要他们对各自喜爱的知识产品产生特定的持续的阅读兴趣和购买动力时,都可归属于这类型用户群。

2) 营销导向型用户

这类用户一般没有明确的阅读计划,对阅读内容的选择更多受到专业人士和机构营销推广的影响。有研究表明:用户动机分为"需要指向"和"刺激反应"两种,当"需要指向"越弱时,用户行为越容易受到外界因素的刺激和影响。① 因此,这类用户应当是学术出版知识服务

---

① 李莹.大众购书行为及其模型研究[D].上海:同济大学,2008:5-7,24.

的重点目标。

(2) 用户获取

用户获取指学术出版机构在大量搜集并分析用户相关信息的基础上,根据用户的类型、需求及行为的差异,采取不同商业策略,确保用户能够接受并使用学术出版提供的知识服务。用户的相关数据信息包括用户的个人基本情况、专业偏好、数字阅读行为数据、知识消费行为数据、沟通反馈行为数据等,学术出版机构应为每一位用户建立详细的用户档案。

针对目标明确型用户,学术出版机构首先要明确品牌营销策略,即树立学术出版的知识产品或知识服务品牌,打造核心竞争力,增强用户对学术出版机构的专业认同感、信誉度、知名度的评价。其次,根据长尾理论来看,目标明确型用户需要的知识产品大部分属于小众型的"利基产品"。虽然数字技术无限扩展了货架空间,一定程度上解决了稀缺性资源问题,但是按需出版等新媒体策略还有待进一步成熟,满足目标明确型用户的实时需求。

针对营销导向型用户,曾有研究显示:出版传媒领域用户具有"威信效应""从众心理""晕轮效应""逆反心理"四种消费心理影响,①这正是营销导向型用户表现的特征。学术出版机构通过出版某学科领域权威专家书籍或运用知名学科专家充当推荐人,都可增强学术出版机构在用户心中的"威信效应"。打造在社会上具有广泛影响的图书系列,增强用户跨专业领域的选择可能性,即可增强"晕轮效应"。在信息社会中,"从众心理"更多表现为网络口碑效应,相对传统口口相传的单向传播,网络口碑则是一种双向交流过程。传播者主动发布,接收者主动获取,双方还会沟通互动,因此网络口碑

---

① 南长森.对图书出版传媒的公信力及其受众分析[J].出版发行研究,2005(9):32-35.

传播的范围更广,影响力也更大更持久。比如图书电子商务平台的购买者评论、书评网站的阅读评价都构成了很好的网络口碑传播渠道,对用户的推荐影响作用是巨大的;学术出版品种的盲目扩大化,容易加剧内容的同质化现象,也容易带来用户的"逆反心理",学术出版机构一定要避免此种情况的发生。

(3) 用户保持

有研究表明:开发一个新客户的成本是维护一个老客户成本的3—10倍;老客户的忠诚度下降5%,企业利润率将损失25%;20%的老客户可以为企业创造80%的利润。学术出版机构在市场经济的大环境下,同样适用这些规律,因此,用户保持的意义重大。从知识服务的观点来看,用户保持决定于用户感知服务质量和用户满意度。这就要求学术出版机构应持续缩小用户期望与服务接受体验之间的差距。具体策略如下:1) 确定核心用户。根据20/80原则,学术出版机构应对用户进行分类管理,把知识服务重点集中在20%的核心用户群体上,尽可能为他们提供快捷、精准、专业的服务。2) 分析用户流失的原因。用户流失可能是不可避免的,但一定要重视核心用户流失的情况,分析流失原因是自身原因还是外界不可控原因。3) 不断改善用户的满意度。用户满意是用户保持的前提,这需要学术出版机构注重品牌经营,提高自身的核心竞争力。4) 加强与用户的交流互动。用户关系管理是在沟通和互动中形成和完善的。5) 不断完善用户画像能力。用户需求表现出来的永远是冰山一角,运用人工智能技术分析用户网上行为留下的"痕迹",如登录过哪些数据库、检索过哪些关键词、阅读下载过哪些专业方面的文献等,不断丰富用户行为及兴趣标签,提高对学术出版用户的画像能力,有利于识别潜在用户,也有利于判别用户的潜在需求,做到比用户自己更懂自己。

(4) 用户升级

用户升级是指采取有效措施提高用户忠诚度和用户价值,使普通用户转变为忠诚用户,短期用户转变为长期用户,价值小的用户转变为价值大的用户。某种程度上说,用户升级是学术出版用户价值链增值的最重要途径,带来的影响是持续和长远的。因此,学术出版在坚持以人为本的知识服务理念前提下,完善用户关系管理系统,完善知识服务体系,保护用户权益,重视用户诉求,不断开发优质的内容资源和服务模式,确保用户的升级。

3.5 本章小结

在新媒介环境下,学术出版用户的知识需求层层递进,纵深化发展明显。用户在知识获取的基础上开始思考:如何在不断转换的时空环境下进行有效的知识管理和知识交流,获得行业专家的专业认可,进一步实现知识创新。新媒介环境对学术出版用户的阅读行为影响是明显的,学术出版机构应扬长避短,充分运用人工智能技术、信息处理技术,做好用户关系管理,实时动态把握用户需求,培养用户习惯。总结用户阅读行为特征将为下一章模型构建的假设条件提供依据。

第四章
学术出版知识服务接受模型设计

学术出版用户作为专业读者,相比普通读者而言,其阅读行为的特征更加明显:阅读目的更加强调实用性,专业资料和学习资料在阅读内容中占比更高;对数字阅读的版式设计、学习记录的便捷性要求较高;数字阅读终端更加多元化,但手机和网络在线阅读占比达到近七成;看重数字阅读平台的交互性;看重内容的专业权威性以及学术性;看重全方位的视听感受;等等。本章在此基础上应用学术界相对成熟的技术接受模型,进一步深化设计出符合学术出版用户阅读行为特征的研究量表,通过定量分析的方式整理出用户接受学术出版机构知识服务的影响因素。

4.1 总体设计

(1) 设计思路

本研究实证分析的思路主要分为以下几个步骤:首先,在对学术出版用户知识需求以及阅读行为特征把握的基础上,研究现有相关文献,构建学术出版知识服务用户接受的假设模型;根据假设模型变量设计测量指标,编制调研问卷草稿;然后将问卷草稿交付专家评估并展开问卷前测,根据专家反馈结果和前测问卷数据结果进一步修订问卷,在此基础上再实施正式调查。在问卷回收整理的基础上进行数据分析,首先对回收的有效问卷数据做初步描述性统计分析,然后对样本数据进行信度检验和效度检验,最后用结构方程模型(SEM)验证假设是否成立,并根据验证结果对假设模型做进一步修正拟合,整个流程如图 4-1 所示:

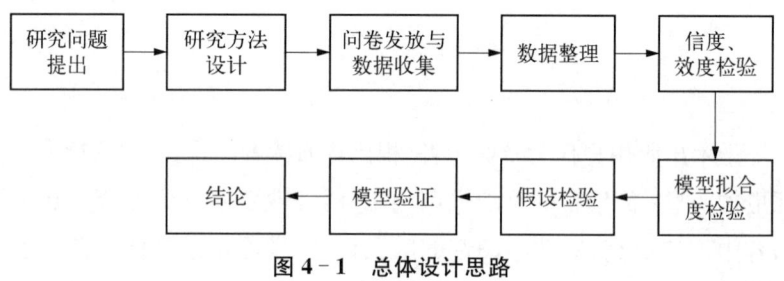

图 4-1　总体设计思路

(2) 理论模型

技术接受模型(Technology Acceptance Model,简称 TAM)是在理性行为理论(Theory of Reasoned Action,简称 TRA)和计划行为理论(Theory of Planned Behavior,简称 TPB)基础上发展起来的,由美国学者戴维斯(Fred D. Davis)在 1986 年提出。TAM 是信息系统领域研究用户接受某项信息技术影响因素的经典模型,它认为潜在使用者对技术使用的认知反应会影响其使用意愿,进而影响其实际使用行为的发生,此认知反应主要包含感知有用性和感知易用性两个影响因素,感知易用性直接作用于感知有用性。TAM 简洁、严谨、实用性很强,得到了较为普遍的肯定,主要结构如图 4-2 所示。

后续研究者普遍认为 TAM 提供的结论过于宽泛,缺乏对各方面细节的深入探讨。近年来,业界对于 TAM 的研究主要集中于对 TAM 结构的理论性拓展和考察 TAM 在不同技术应用环境下发挥的效力问题。在数字化应用领域,国内外许多学者借助该模型研究受众采纳和

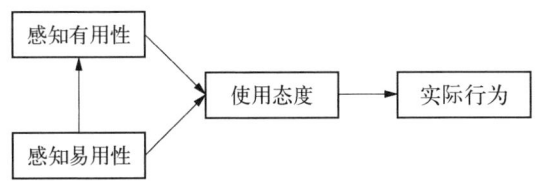

图 4-2 技术接受模型(TAM)

使用某项数字技术或数字产品的意愿。本研究认为,学术出版的数字化知识服务对用户行为产生的影响是多方面的,单纯的技术接受模型并不能全面揭示受众接受数字化知识服务的影响因素,因此,本研究根据研究对象和研究情境的需要,在技术接受模型的基础上,对学术出版知识服务模型进行了一定程度的扩展。

4.2 变量定义与研究假设

本研究提出的学术出版知识服务接受模型包括三组变量:第一组变量是传统 TAM 的固有变量,包括实际行为、行为意愿、感知有用性和感知易用性;第二组变量是影响固有变量的外部变量,包括交互性、相关性、评价权威性、系统可及性、沉浸体验和创新性;第三组变量是调节变量,主要是用户的个体特征,包括性别、年龄、职业和收入等。

(1) 感知有用性和感知易用性

众所周知,感知易用性和感知有用性是戴维斯提出的技术接受模型中的两个决定因素。感知有用性是潜在使用者评判使用某项信息技术能够为自身带来的效用程度,这种有用性认知是用户明确了自身任务需求,将任务需求与该技术的功能特性进行匹配的基础上形成的。一般认为,某项技术有助于解决用户面临的实际问题,可以提高用户的工作效率时,用户自然会对该项技术产生有用性的认知。而用户对某项信息技术的有用性感知又会正向影响用户对此技术的使用意向,此论点已经在前期学者的大量研究中得以证实。

用户对学术出版知识服务的有用性认知有赖于学术出版知识服务能够为其提供更高效更准确的专业知识、科研信息以及增值服务,助力用户更快地完善专业知识架构,提高专业认知水平,顺利完成相关专业任务。学术出版知识服务平台可以帮助用户实现更多的知识管理效用时,用户的使用行为意向就会越强烈。因此,本研究认为用户对学术出版知识服务的有用性感知会直接影响其使用意向。

假设 H1:感知有用性正向影响行为意愿。

技术接受模型认为用户对易用性的感知程度直接影响用户使用新技术的行为意愿,这在大量的实证研究中已经得到证实。感知易用性是潜在用户用来评判使用某项信息技术的容易程度,是建立在潜在用户对使用该项技术所需要花费的综合成本认知的基础上。著名学者齐普夫提出的"最小努力法则"指出,用户处理问题一般趋向于弃难从易、避繁就简,为了将所有成本消耗最小化,趋向于选择最简捷、最熟悉的方法和途径。用户是否选择和接受新的知识服务和知识管理同样适用"最小努力法则",简单易用的知识服务系统,很大程度上会提升用户的自我效能感和个人控制感,助推用户的业务绩效,所以用户才会倾向于接受并使用。

因此,本研究认为,对用户而言,其对学术出版知识服务系统的易用性感知将直接影响其使用知识服务的行为意愿。

假设 H2:感知易用性正向影响行为意愿。

用户对学术出版知识服务系统的易用性认知是用户对使用知识服务平台能够获取并管理专业知识难易程度的一种预期。TAM 认为,用户对新技术易用性的感知程度会影响用户对新技术的有用性判断,易用性感知程度越强,用户对新技术有用性的正面评价就越高。在两个可以实现相同功能的系统中做选择,用户一定会选择更易用的系统,这是大量的实证研究证实的。因此,本研究认为用户对学术出版知识服务系统的易用性认知将直接影响其对学术出版知识服务系统的有用性认知。

假设 H3：感知易用性正向影响感知有用性。

（2）相关性

任何新技术、新系统的开发设计都是面向一定应用领域的，曾有学者提出"用户任务匹配度"的概念，指的是系统与当前环境中所进行的任务匹配程度。传统的技术接受模型（TAM）只考虑用户的信念，并没有分析技术或者系统与用户任务的相关性，技术如果不能匹配用户的具体任务，容易造成用户对技术的有用性认知与该技术对特定任务的有用性认知之间的混淆。① 很多的研究表明，用户对新技术的有用性认知源于其技术的功能特征与其要解决的目标任务特征匹配程度的理性评价。"任务-技术匹配模型"是 Goodbue 和 Thompson 在 1995 年提出的，该模型指出技术的功能特征与用户任务特征的匹配程度正向影响信息技术与绩效之间的作用关系。② Dishaw 和 Strong 也在 1999 年指出，在评价 IT 及其接受、使用和绩效时如果不考虑具体的任务可能会导致结果的混乱，技术接受模型中的有用性认知含有任务的因素，能更清晰地把握任务特征才可以更好地理解 IT 使用。③ 这些研究一定程度上弥补了技术接受模型的局限。新技术如果不能满足目标任务需求，用户对该技术的有用性评价就会降低。单独的目标任务本身和信息技术本身都不能决定用户对该项技术的有用性认知，只有两者的匹配程度才能影响用户对新技术的有用性判断，因此信息系统是否有

---

① 高平,刘文雯,徐博艺.基于 TAM/TTF 整合模型的企业实施 ERP 子研究[J].系统工程理论与实践,2004(10)：74-79.
② GOODHUE D L AND THOMPSON R L. Task-technology fit and individual performance [J]. MIS quarterly, 1995 (2)：213-236.
③ DISHAW M T AND STRONG D M. Supporting software maintenance with software engineering tools：a computed task technology fit analysis[J]. The journal of systems and software, 1998, 44(2)：107-120.

用、易用,是否被采纳,都应该是针对具体任务的,系统功能应该和用户任务相匹配,这也是信息检索系统评价研究中所谓的"相关性"研究。

学术出版机构开展数字化知识服务的宗旨就是为了帮助用户进行有效的知识管理,因此将"相关性"概念引入学术出版的数字化知识服务环境中,目的在于强调学术出版知识服务系统的功能设计以及提供的知识内容都应考虑用户的知识需求。用户使用学术出版知识服务系统总是希望能够获取与自己知识需求相关的所有确切的信息资料,一定程度上提高个人绩效。实现此目标的前提应当是学术出版机构了解用户的知识需求,明确用户任务的基本特征,不断丰富充实相关资源储备。因此,本研究认为,用户对学术出版知识服务系统的有用性认知与学术出版知识服务系统对用户任务的支持程度是密切相关的。

假设 H4:相关性正向影响感知有用性。

如果学术出版的数字化知识服务系统的功能不全面,内容资源不完善,无法满足用户的知识需求,或者造成用户在进行数字化知识管理时需要花费大量的时间成本等情况,这些都会使用户认为学术出版知识服务系统并不十分有用。同时还可能造成用户将无法搜寻到相关信息的原因归为自己不了解如何正确使用系统,因而对系统产生难以使用的负面评价。而如果在学术出版数字化知识服务系统中存在相关的信息资源,搜寻设置也非常便捷,用户就会感觉不但系统容易使用而且资源也完整。由此可见,学术出版知识服务系统功能及内容资源的完整性和相关性会直接影响用户的体验感受,相关性越强,用户对系统的易用性感知越强,越容易沉浸在知识服务的体验之中。

假设 H5:相关性正向影响感知易用性。

假设 H6:相关性正向影响沉浸体验。

(3) 系统可及性

系统可及性(accessibility)指的是用户获取特定信息系统的容易

程度。现有研究发现,系统可及性的感知是决定用户如何选择信息来源渠道以及对信息来源渠道使用频率的关键因素。系统可及性不强,对电子资源的使用尤其是在线电子资源的使用具有极强的负面影响作用。对一般信息系统来说,影响可及性的原因主要包括技术环境(软件配置、计算机硬件配置和网络流量带宽)、用户认知水平(如不同语种)、用户视觉能力(如弱视、色盲和全盲)以及环境条件等。学术出版机构研究知识服务系统可及性的意义在于识别可能会造成可及性障碍的因素,并在技术设计或服务功能开发上加以改进。

在物质丰富的当下,用户不仅在视听能力、认知技能以及情感偏好上各有差异,而且使用的硬件平台也会有所不同,不同硬件平台提供不同的显示功能、屏幕尺寸、连线方式、连线速率等。随着无线网络和移动通信技术的不断发展,用户将更加追求随时随地地获取资源,因此,学术出版知识服务系统的可及性必须得到充分重视和研究。学术出版机构开展数字化知识服务的发展前景就在于最大限度地服务最广泛的专业用户,数字化知识服务系统越便于获取或访问,聚集的用户人群数量就会越多,用户对学术出版知识服务系统的有用性感知程度也会越高。因此,本研究提出以下假设:

假设 H7:系统可及性正向影响感知有用性。

同时,学术出版机构应该清楚地认识到不同的用户在不同的时空环境下可能会选用不同的硬件平台,系统可及性强,兼容性强,会极大增加用户使用系统的容易程度。因此,本研究认为系统可及性与用户对学术出版知识服务系统的感知易用性正相关。

假设 H8:系统可及性正向影响感知易用性。

在数字时代,知识服务的可获取性越强,就越能促进用户开展深入的知识交流与知识分享,也越能将知识的普及面推广,对知识的权威性评价及价值性认定也越有帮助,因此本研究认为学术出版知识服务系统的可及性与交互性和评价权威性正相关。

假设 H9：系统可及性正向影响交互性。

假设 H10：系统可及性正向影响评价权威性。

(4) 沉浸体验

沉浸体验作为心理学领域的一个专业概念，是指用户如果全身心投入到某项具体活动中，意识高度集中，仅会对眼前清晰的任务目标和明确的反馈有反应，所有不相关的想法和概念将被排除在外，即人们通常所指的沉浸状态。Hoffman 和 Novak 曾借助沉浸理论分析了用户在网络环境下的沉浸状态，并指出用户的沉浸体验有 6 项影响因素，包括技巧(skill)、挑战(challenge)、娱乐(play)、控制(control)、激励(arousal)和焦虑(anxiety)。① 互联网的快速发展促使沉浸体验成为一种普遍的网络现象，沉浸状态更容易推动个体探索、交流、学习和对信息技术的接受。

随着沉浸理论在心理学、消费者行为学、人机交互与信息系统等领域所开展的不同程度拓展研究，各领域学者对"沉浸"概念特征以及测量方式进行了不同角度的解读与分析。对学术出版知识服务系统而言，用户的沉浸状态更容易促使用户对系统的有用性产生积极的认知态度。学术出版机构可从用户在具体使用过程中所表现出来的愉悦性、行为控制感知和专注程度 3 个维度来衡量用户的沉浸状态。其中，愉悦性、行为控制感知来源于环境心理学中的快感和支配概念。愉悦性指用户在使用知识服务系统进行知识管理的过程中获得的快乐感；行为控制感知指在特定的情景下，用户能"用各种不受限制的或自己的方式展开活动"的程度；专注程度指用户在具体使用知识服务系统过程中所表现的注意力集中程度。因此，本研究认为沉浸体验与用户对学术出版知识服务系统的有用性感知正相关。

---

① HOFFMAN D L, NOVAK T. Marketing in hypermedia computer mediated environments: conceptual foundations[J]. Journal of marketing, 1996 (3): 50-68.

假设 H11：用户的沉浸体验正向影响感知有用性。

（5）评价权威性

针对学术出版的特殊性，本研究增加了"评价权威性"这项新指标。一直以来，用户选择学术出版机构的一项重要指标在于业界对该出版机构所提供的专业知识权威度的认可。权威度越高代表该学术出版机构的知识服务能力越强，其所提供的知识对于用户的工作学习帮助越大，因此，本研究认为权威评价与用户对学术出版知识服务的有用性感知正相关。

假设 H12：权威评价正向影响感知有用性。

（6）交互性

新媒体技术的蓬勃发展，使得交互性（mutual communication）成为新一代信息技术共有特点之一，也是区别于传统媒体的重要特征之一。在营销学、传播学、广告传媒、互联网服务、电子商务、移动服务等众多研究领域中都有所涉及。Liu 等（2002）指出交互性包括三个基本维度：主动控制（active control），双向通信（two-way communication）和同步（synchronicity）。[①] 郭国庆等（2012）将其简化为两个维度：双向性和控制性。[②] 双向性是指特定应用提供的工具能促进"用户与用户""用户与系统"之间实现双向沟通的程度；控制性类似于计划行为理论（TPB）中的感知行为控制，是指用户自发参与并能根据自己的意图对沟通过程和沟通内容进行控制与施加影响的程度。将"交互性"概念引入模型，主要用来评判学术出版知识服务过程中各参与者之间进行双向信息互动的程度。

一方面，在高交互性的网络或信息系统中，用户可以与服务提供者、系统或其他用户进行方便快捷地交流，准确获取个性化需求信息，快速

[①] LIU Y P, SHRUM L J. What is interactivity and is it always such a good thing? Implications of definition, person, and situation for the influence of interactivity on advertising effectiveness [J]. Journal of advertising, 2002 (Fall): 53 - 64.

[②] 郭国庆, 李光明. 购物网站交互性对消费者体验价值和满意度的影响[J]. 中国流通经济, 2012(2): 112 - 118.

定位自己所需要的产品和服务,遇到问题时也能够及时获得帮助,有效节省各方面成本,这对知识服务系统有用性的感知具有极大的促进作用。另一方面,信息技术环境下用户对系统安全和信任方面的顾虑较大,如果用户对系统交互性认知程度的较高,懂得按照自身需要对系统的相关功能进行个性化设置控制个人信息的暴露程度,在降低隐私风险提升心理满足的基础上,进一步提高对学术出版知识服务系统的有用性感知。

综上所述,交互性认知可以通过提高学术出版知识服务系统的信息沟通质量,增强用户对信息沟通过程的积极体验,从而提高用户的行为意愿。因此,本研究提出以下假设:

假设 H13:交互性正向影响感知有用性。

(7) 创新性

创新性是指学术出版机构寻求创造性、新颖性解决方法的倾向,是一种态度。具有创新意识的用户会更积极地关注外界知识、收集新技术信息。一般来讲,创新包括两个层面:一是突破型创新,即开发新产品、新技术、新市场;二是渐进式创新,即对现有产品、工艺或技术的改进。市场环境瞬息万变,国家鼓励"大众创业,万众创新"就是倡导企业要主动求变,积极寻求新技术和新方法,更好地应对挑战。在创新扩散理论(IDT)中,Rogers 等(1971)指出,创新者能够承担更高的风险和不确定性,具有较高创新性的个体也更倾向于使用一种新技术。①

目前,学术界关于创新性的研究普遍是基于个体的,研究用户的创新性特质对行为意向的影响作用。一种观点认为用户的创新性意识直接影响用户的行为意向,另一种观点则认为用户的创新性意识对用户的行为意向仅起到调节作用,即相对于创新意识较差的用户,创新意识较强的用户对采纳新技术更为积极。Agarwal 等(1998)曾将个体创新

---

① ROGERS E M, SHOEMAKER F F. Communication of innovations: a cross-cultural approach[M]. 2nd ed. New York: The Free Press, 1971.

性特征作为测量指标评定个体采纳新技术的意愿,认为用户的创新性特质会影响用户的使用意愿进而对用户的信息技术采纳行为产生间接影响。① Alka 等(2000)也引入个人创新变量研究消费者的网购行为,研究显示越具备创新意识的使用者越会采纳网购。后续研究不断表明,用户的创新意识会激发用户的探索行为,进而正向影响用户的行为意愿。② Héctor(2012)通过对乡村旅游网上用户的预定行为进行研究,发现创新性特征不仅会直接影响用户的预定意图,同时对用户期望价值和预定意图之间的关系存在显著的调节作用。③ Chong(2013)则利用神经网络分析方法证实了个人创新性是用户采纳移动电子商务的重要预测因子,而它们之间的关系是非线性的。④

本研究认为,用户在网络科技领域的创新性会帮助用户深刻认识数字化知识服务相对比传统知识管理具有更大的前瞻性、便捷性和有效性,从而深化对系统有用性的感知和对系统权威性的评判。因此,本研究提出以下假设:

假设 H14:用户的创新性正向影响评价权威性。

假设 H15:用户的创新性正向影响行为意愿。

(8) 行为意愿

本研究所指的行为意愿是指用户使用学术出版知识服务系统的主

---

① AGARWAL R, PRASAD J. A conceptual and operational definition of personal innovativenes in the domain of information technology [J]. Information systems research, 1998(2): 204 – 215.
② CITRIN, ALKA, VARMA, et al. Adoption of Internet shopping: the role of consumer innovativeness[J]. Industrial Management & Data Systems, 2000, 100(7): 294.
③ CHONG Y L. Predicting m-commerce adoption determinants: A neural network approach[J]. Expert Systems with Applications, 2013, 40(2): 523 – 530.
④ HERRERO Á, HÉCTOR S M. Developing and testing a global model to explain the adoption of websites by users in rural tourism accommodations[J]. International Journal of Hospitality Management, 2012, 31(4): 1178 – 1186.

观意向程度,是用户实施实际行为的一个重要前因。行为意向和实际行为是 TRA(理性行为理论)、TPB(计划行为理论)、TAM(技术接受模型)、UTAUT(整合型技术接受理论)等经典模型中的两个常见变量,这些经典模型都证实了测量用户行为意向可以有效评估个人采取某种行为的可能性程度。后续的大量研究结果证明,用户的行为意向与实际行为之间存在着直接关系。有一些研究者直接将行为意向作为结果变量,不考虑实际行为;另一些研究者则是将实际行为直接作为结果变量,没有考虑行为意向的预测作用和影响作用。本研究认为,行为意愿并不能单独决定用户的实际使用行为,在客观条件不具备时,如用户缺乏相关技术知识,或是不具备相应的 IT 基础设施,那么即使潜在用户采纳学术出版知识服务系统的意愿很强烈,也很难发生实际的行为。所以本研究认为单独将行为意愿或实际行为作为结果变量可能存在一定的预测风险,需同时采用两个变量,这样可以更好地预测和解释用户行为。因此,本研究提出以下假设:

假设 H16:行为意愿正向影响实际行为。

综上,本研究构建出学术出版知识服务接受模型,如图 4-3 所示。

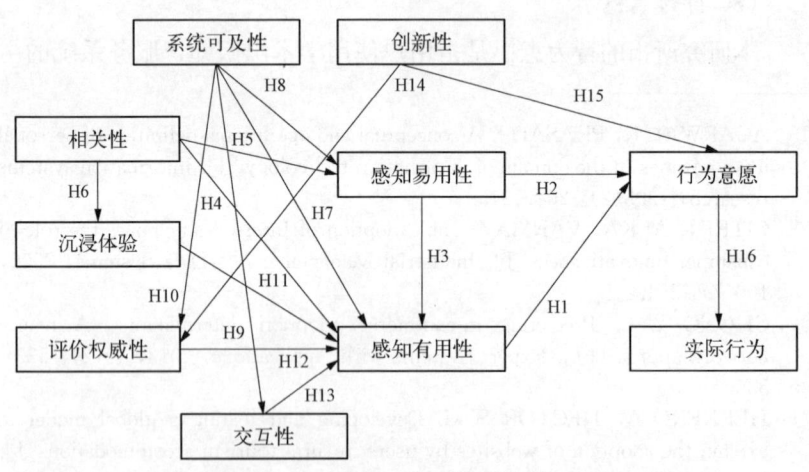

图 4-3 学术出版知识服务接受模型

4.3 调查问卷设计

本研究根据国内外经过长期检验的成熟量表,结合学术出版的实际情况加以改进。在量表的内容介绍部分通过情景描述,告知被调查者使用学术出版数字化知识服务后的虚拟场景,帮助没有接触过学术出版数字化知识服务相关应用的用户建立概念,提高问卷的有效性。本研究采用 Likert 5 级量表,测量选项从非常不同意、不同意、不确定、到同意、非常同意,具体的问卷设计见表 4-1。

表 4-1 学术出版知识服务接受模型影响因素量表

变量		测量项	参考文献
感知有用性	PU1	使用平台可以帮助我有效获取专业信息	Davis 等(1992)①
	PU2	使用平台有助于我了解研究热点,研究趋势	
	PU3	使用平台有助于我提高研究学习效率	
	PU4	使用平台有助于我建立知识管理体系	
感知易用性	PE1	我认为平台的操作并不复杂	Davis 等(1989)②
	PE2	我认为不需要花费很多时间就能熟练使用平台	
	PE3	我认为平台导航设计使用是简单的	
	PE4	我认为使用平台进行知识管理是简单的	
相关性	RE1	平台提供的信息资源与我的信息需求非常相关	Venkatesh 和 Davis(2000)③

---

① DAVIS F D, BAGOZZI R P, WARSHAW P R. Extrinsic and intrinsic motivation to use computer in the workplace[J]. Journal of applied social psychology,1992,22(14):1109-1130.
② DAVIS F D. Perceived usefulness perceived ease of use, and acceptance of information technology[J]. MIS quarterly,1989,13(3):340-391.
③ VENKATESH V, DAVIS F D. A theoretical extension of the technology acceptance model:four longitudinal field studies[J]. Management science,2000,46(2):186-204.

续表

变量		测 量 项	参考文献
相关性	RE2	平台提供了足够的信息资源来满足我的研究学习需要	Venkatesh 和 Bala(2008)①
系统可及性	SA1	我希望使用平台不受时空限制	Kling 和 Elliott (1994)②
	SA2	我希望使用平台不受电子设备限制	
交互性	MC1	我希望通过平台能够与编辑互动	Song 和 Zinkhan (2008)③
	MC2	我希望通过平台能够与其他对象进行学术互动	
	MC3	我希望使用平台时能根据自己的需要和爱好选择适合的服务	
	MC4	我希望通过平台可以随时将我的专业收获分享至社交平台	
评价权威性	AE1	我认为建立权威的学术评价体系有助于学术出版的数字化建设	本研究引入
	AE2	我希望我的学术成果能通过平台获得专业领域的权威评价	
沉浸体验	FL1	使用平台时,我感觉时间过得很快	本研究引入
	FL2	使用平台时,我非常投入	
	FL3	使用平台时,我常常沉浸其中	
创新性	PI1	我喜欢尝试新科技产品和服务	Agarwal 和 Prasad (1998)④
	PI2	使用新科技产品让我觉得兴奋	
	PI3	我比别人更早关注新科技	
	PI4	我很可能是朋友中率先使用某种新科技产品的	

---

① VENKATESH V, BALA H. Technology acceptance model 3 and a research agenda on interventions[J]. Decision sciences, 2008, 39(2): 273-315.
② KLING R, ELLIOTT M. Digital library design for organizational usability[J]. ACM SIGOIS bulletin, 1994, 15(2): 59-70.
③ SONG J H, ZINKHAN G M. Determinants of perceived web site interactivity [J]. Journal of marketing, 2008, 72(2): 99-113.
④ AGARWAL R, PRASAD J. A conceptual and operational definition of personal innovativeness in the domain of information technology[J]. Information systems research, 1998, 9(2): 204-215.

续表

变量		测量项	参考文献
行为意愿	AI1	在将来我愿意持续使用平台进行知识管理	Davis 等(1992);① Venkatesh 等(2003)②
	AI2	我希望今后经常使用平台	
	AI3	我愿意把这种知识管理的数字化方式推荐给其他人	
实际行为	UB1	我的大部分研究学习工作是利用平台完成的	Fishbein 和 Ajzen(1975);③ Davis(1989)④
	UB2	我会主动使用平台来进行知识管理	
	UB3	我现在经常使用平台来进行知识管理	

4.4 数据分析方法

(1) 描述性统计分析

本研究使用 SPSS 22.0 软件中的描述性统计功能,利用百分比、均值、标准差等方法统计被调查样本的总体结构和分布,包括被调查对象的基本人口统计特征和使用情况分布。为确保被调查的数据服从正态分布方便后续的结构方程建模,本研究采用偏度系数和峰度系数对数据分布形态进行描述性评价。在此基础上,实施数据建模,展开实质性

---

① DAVIS F D, BAGOZZI R P, WARSHAW P R. Extrinsic and intrinsic motivation to use computers in the workplace[J]. Journal of applied social psychology, 1992, 22(14): 1111-1132.
② VENKATESH V, MORRIS M G, DAVIS G B, et al. User acceptance of information technology: toward a unified view[J]. MIS quarterly, 2003, 27(3): 425-478.
③ FISHBEIN M, AJZEN I. Belief, attitude, intention, and behavior: an introduction to theory and research[M]. MA: Addison-Wesley, 1975.
④ DAVIS F D. Perceived usefulness, perceived ease of use, and acceptance of information technology[J]. MIS quarterly, 1989, 13(3): 319-339.

的量化研究。

偏度系数的公式为：

$$Skewness = \frac{1}{n-1} \sum_{i=1}^{n} (x_i - \bar{x})/Var^{\frac{3}{2}}。$$

其中，Var 为样本方差。偏度系数的绝对值与样本数据分布的偏斜程度呈正相关关系，偏度系数的绝对值越高，则数据分布的偏斜程度就越高，反之则越低。样本数据呈完全正态分布时，偏度系数应为 0。

峰度系数的公式为：

$$Kurtosis = \frac{1}{n-1} \sum_{i=1}^{n} (x_i - \bar{x})^4/Var^2 - 3。$$

其中，Var 为样本方差。峰度系数的绝对值与样本数据分布的陡峭程度呈正相关关系，峰度系数的绝对值越高，则数据分布的陡峭程度就越高，反之则越低。样本数据呈完全正态分布时，峰度系数应为 0。

采用极大似然法进行结构方程模型估计时，要求研究数据服从正态分布。通常认为，服从正态分布的样本数据应满足以下条件：中值与中位数相近，偏度和峰度值在 -2 和 2 之间。

（2）信度分析

信度（reliability）分析又称可靠性分析，用以检验为相关变量设计的量表指标间是否具有一致性或稳定性。信度包括外在信度和内在信度两个方面。外在信度也称为稳定系数，主要检验不同时间测量时，量表所表现的一致性程度，最常使用重测信度（test-retest reliability）检验法。内在信度用以衡量检验测量指标内部间的一致性或同质性程度，在多选项量表的研究中，尤为重要。社会科学和行为科学领域实证研究通常使用克朗巴哈一致性系数（Cronbach's a 系数）检验量表的内在一致性程度。Cronbach's a 系数的公式为：

$$a = \frac{k}{k-1}\left(1 - \frac{\sum s_i^2}{s^2}\right) 。$$

其中，k 为量表测量题项的总数，$\sum s_i^2$ 为量表测量题项的方差总和，s^2 为量表测量选项加总后的方差。一般认为 Cronbach's a 系数在 0.8 以上为理想的信度水平(Bryman,1997)，在 0.7 以上也是可以接受的(吴明隆,2010)。① a 系数越高，代表该变量各个指标间的内部一致性愈佳，相关性愈大。如果问卷的整体信度低于可接受的最小值，那么研究者应考虑重新编制或修订调查问卷。

本研究使用 Cronbach's a 系数对量表进行内部一致性检验。

（3）效度分析

效度(Validity)分析是用来衡量测度工具能够反映被测量事物的真实程度，也称为有效性分析。效度分析具有很强的目标导向，测量结果与被测量事物的真实性吻合度越大，表明效度越高；反之，效度越低。效度分析是开展实证研究的基本前提，它对研究结果的可用性和准确性具有重要的影响作用(齐晓云,2011)②。一般调查问卷的效度分析主要从内容效度和结构效度两方面进行考察。

1）内容效度(content validity)

内容效度用以反映问卷设计题项内容的适切性与代表性，即能否达到测量的目的，属于一种命题的逻辑分析，因而也被称为逻辑效度(logical validity)。内容效度体现的逻辑适配性通常需要兼顾逻辑分析与统计分析两方面，逻辑分析一般由该领域专家评价设计题项是否与测量目的和测量要求相符。本研究在对测量题项进行逻辑分析时，一方面大量查证已有的相关文献，力求保证量表翻译的准确性；另一方

---

① 吴明隆.SPSS 统计应用实务[M].北京：科学出版社,2010：109-110.
② 齐晓云.IT 强制使用环境下员工象征接受模型研究[J].图书情报工作,2011(22)：128-132.

面,邀请出版领域和信息技术等领域的专家就研究变量的测量量表进行评议,确保量表能够反应测量者的心理特质。统计分析主要是根据单项得分与所有题项总分的相关性显著程度来判断题项的有效性。

2) 结构效度(construct validity)

结构效度指能够测量出理论的特质或概念的程度,亦即实际的测验分数能解释多少某一心理特质。① 换句话说,就是测量量表中的题项是否指向同一个问题并能形成一个整体。结构效度以逻辑分析为基础,是一种相当严谨的检验方法,最常用方法是因子分析。所谓因子分析是从量表中提取与特定变量高度关联的共同因子(common factors),这些共同因子在一定程度上能够代表量表的基本结构。因子分析最重要的是要抽取的因素不多但解释的变异量要最大,以较少的构念代表原来较复杂的数据结构。因子分析有两个重要指标:一为共同性(communality),二为特征值(eigenvalue)。共同性就是个别变量可以被共同因素解释的变异量百分比。特征值是每个变量在某一共同因素的因素负荷量的平方总和。在共同因素抽取的过程中,特征值最大的共同因素会最先被抽取。因子分析分为探索性因子分析(Exploratory Factor Analysis,简称EFA)和验证性因子分析(Coformatory Factor Analysis,简称CFA)两种。探索性因子分析用来测度量表的结构效度,验证性因子分析则是检验此结构效度的适切性与真实性。原有变量之间只有具备较高相关性时,才有可能从量表中提取与特定变量高度关联的公因子,因此,在因子分析时,必须对原有变量作相关性分析。SPSS 提供多种检验方法来判断变量是否适合因子分析,主要利用 Bartlett 球形检验(Bartlett's sphericity test)和取样适切性量数(Kaiser-Meyer-Olykin measure of sampling adequacy,可简记为 KMO 值)来判别。一般认为,KMO 值大于等于 0.7 而且 Bartlett 球形检验统计值的显著性概率

---

① 吴明隆.SPSS 统计应用实务[M].北京:科学出版社,2010:109-110.

小于等于显著性水平的样本都是适合做因子分析的。根据 KaiSer (1974) 的观点, KMO 值越大, 越适合做因子分析。①

本研究采用主成分分析法(principal component analysis)对测量题项进行因子提取, 并通过方差极大化法(varimax)进行因子旋转, 采用特征值大于 1 作为因子的提取标准。按照 Lederer 等(1991)②的观点, 在因子分析中, 测量题项筛选应遵循以下原则: 第一, 当一个测量题项自成单因子时, 因缺乏内部一致性, 需删除; 第二, 测量题项在其所属因子上的负荷量小于 0.5 时, 说明收敛效度差, 应删除; 第三, 每一个测量题项在其所属因子上的负荷必须大于等于 0.5 且在其他因子上的负荷都小于 0.5, 否则应予以删除。筛定因子后, 如果剩余测量题项的因子负荷都大于等于 0.5, 且累计解释方差大于 50.00%, 则表明测量量表达到研究需要。

(4) 结构方程模型

结构方程模型(Structural Equation Model, 简称 SEM)是在测度模型的基础上进一步对变量之间的因果关系进行假设。它是在综合多元回归分析、路径分析、因子分析等传统多变量统计分析技术的基础上, 对各种因果模型进行辨识、估计与验证的一种线性统计建模技术, 是当代行为与社会科学领域重要的量化研究工具, 具体方程如下:

$$\begin{cases} x = \Lambda_x \xi + \delta, \\ y = \Lambda_y \eta + \varepsilon, \\ \eta = B\eta + \Gamma \xi + \zeta. \end{cases}$$

其中, ξ 和 η 代表的是无法直接观测的潜变量, 而 x 和 y 则代表可以直接观测的显变量, 作为各个潜变量的测量指标。

---

① KAISER H F. An index of factorial simplicity[J]. Psychometrika, 1974(1): 31-36.
② LEDERER A L, SETHI V. Critical Dimensions of Strategic Information Systems Planning[J]. Decision science, 1991, 22(1): 104-119.

结构方程模型的量化研究是基于变量的协方差矩阵来分析变量之间关系的,根据模型与数据之间的一致性程度,对复杂理论模型展开评价,证实或证伪事先的理论假设。具体操作过程一般分为四大步骤:

1) 模型建构

即整理国内外现有文献成果初步设定理论研究模型,明确各个潜变量的观测变量以及潜变量间的相互关系。如果模型复杂,可以限定因子负荷或因子相关系数等参数的数值或关系等。

2) 模型拟合

主要是对模型参数的估计,目标在于使模型隐含的协方差矩阵与样本协方差矩阵之间"差距"最小。模型拟合时最常采用极大似然估计和广义最小二乘法来估计,模型拟合需要测度项符合多元正态分布。

3) 模型评价

为了考察模型能否充分解释样本数据,模型评价从模型参数检验、测量方程和结构方程检验、模型拟合程度三方面展开。常用的评价模型拟合程度的一些指数及特征如表 4-2 所示。

表 4-2 SEM 模型整体模式适配度评价指标

绝对适配度指数	
χ^2 值	显著性概率值 $p>0.05$(未达显著水平)
GFI 值	>0.90
AGFI 值	>0.90
RMR 值	<0.05
SRMR 值	<0.05
RMSEA 值	<0.05(适配良好);<0.08(适配合理)
NGP 值	愈小愈好,90% 的置信区间包含 0
ECVI 值	理论模型的 ECVI 值小于独立模型的 ECVI 值,且小于饱和模型的 ECVI 值。

续 表

增值适配度指数	
NFI 值	>0.90
RFI 值	>0.90
IFI 值	>0.90
TLI 值	>0.90
CFI 值	>0.90
简约适配度指数	
PGFI 值	>0.50
PNFI 值	>0.50
CN 值	>200

根据资料整理。

4）模型修正

如果模型拟合效果不理想，就需要在模型评价的基础上进行模型修正。模型修正应在相关理论的指导下进行，以确保修正模型的合理性。修正模型还需要进行模型评价，根据评价结果判别是否需要进一步修正。

实践中，进行结构方程建模并拟合的统计软件有很多，如 LISREL、AMOS、EQS、MPLUS 等，本研究采用 AMOS 统计软件。

4.5　本章小结

本章在分析用户知识需求及提炼行为特征要素的基础上，从理论分析层面应用学术界相对成熟的技术接受模型研究量表，进一步深化编制出符合学术出版用户特征的研究量表，设计了学术出版知识服务接受模型的基本结构，并明确数据统计方法，为下一章实证分析的展开奠定基础。

第五章
学术出版知识服务接受模型检验

5.1 描述性统计分析

本次调查共发放问卷 300 份,回收 265 份,其中有效问卷共 213 份,有效回收率为 71.00%。为了了解样本整体情况,本研究利用 SPSS22.0 软件对有效问卷调查对象的性别、年龄、职业身份、学历及收入等基本情况进行了汇总,具体见表 5-1,对 213 个样本目前进行知识管理的主要渠道以及使用频率进行了整理分析,具体见表5-2。

(1)调查对象基本特征情况(表5-1)

表 5-1 调查对象基本特征

特征变量	类型	样本数量	百分比
性别	男	112	52.58%
	女	101	47.42%
职业	学生	54	25.35%
	各类专业技术人员/教师/医生/律师	73	34.27%
	政府机关/党群组织工作人员	31	14.55%
	各类企事业单位工作人员	23	10.80%
	商业、服务业人员	19	8.92%
	其他	13	6.10%

续 表

特征变量	类 型	样本数量	百分比
学历	高中及以下	2	0.94%
	大专	17	7.98%
	本科	132	61.97%
	硕士	41	19.25%
	博士	21	9.86%
年龄	18 岁以下	2	0.94%
	19—24 岁	62	29.11%
	25—30 岁	55	25.82%
	31—45 岁	87	40.85%
	46 岁以上	7	3.29%
收入	3 000 元以下	43	20.19%
	3 001—5 000 元	85	39.91%
	5 001—7 000 元	65	30.52%
	7 001—10 000 元	11	5.16%
	10 000 元以上	9	4.23%

(2) 用户知识管理基本情况(表 5-2)

表 5-2 用户知识管理基本情况

特征变量	类 型	样本数量	百分比
上网检索专业知识频率	每天一次	65	30.52%
	每天不止一次	73	34.27%
	每周一次	24	11.27%
	每周不止一次	15	7.04%
	每月一次	12	5.63%
	每月不止一次	21	9.86%
	一个月也不到一次	3	1.41%
获取专业知识途径	购买纸质图书	19	8.92%
	图书馆借阅	7	3.29%
	购买电子书	32	15.02%
	上网检索	155	72.77%

续表

特征变量	类型	样本数量	百分比
近三个月是否访问过学术出版数字化平台	是	201	94.37%
	否	12	5.63%

(3) 观测变量的描述性统计

为了对调查数据的质量有总体性的把握,首先要进行数据的描述性统计分析。本研究使用 SPSS22.0 统计软件,计算了各个观测变量的平均数和标准差,具体结果如表 5-3 所示。由描述性统计分析结果可知,在各观测变量中,数据分布基本都在 1 到 5 之间,指标均值大多超过 3,说明调查对象对大多数问题都具有积极的态度。总的来看,本次调查收集的观测变量数据分布合理,符合问卷中的目标需求。

表 5-3 描述性统计

测量指标	变量名称	样本数量	最小值	最大值	平均数	标准偏差	偏度 统计	偏度 标准差	峰度 统计	峰度 标准差
感知有用性	PU1	213	1	5	4.13	0.797	1.427	0.212	2.42	0.422
	PU2	213	1	5	3.26	1.025	1.35	0.212	1.606	0.422
	PU3	213	1	5	3.24	0.893	0.915	0.212	0.433	0.422
	PU4	213	1	5	3.90	0.951	0.513	0.212	0.371	0.422
感知易用性	PE1	213	1	5	3.75	0.85	0.544	0.212	−0.152	0.422
	PE2	213	1	5	3.55	0.916	0.742	0.212	0.158	0.422
	PE3	213	1	5	3.42	0.871	0.253	0.212	−0.224	0.422
	PE4	213	1	5	3.50	0.914	0.081	0.212	−0.527	0.422
相关性	RE1	213	1	5	3.89	0.833	0.852	0.212	0.899	0.422
	RE2	213	1	5	3.11	0.906	0.186	0.212	−0.199	0.422
系统可及性	SA1	213	1	5	2.77	1.075	0.32	0.212	−0.468	0.422
	SA2	213	1	5	2.90	0.815	0.146	0.212	−0.529	0.422

续 表

测量指标	变量名称	样本数量	最小值	最大值	平均数	标准偏差	偏度 统计	偏度 标准差	峰度 统计	峰度 标准差
交互性	MC1	213	1	5	2.54	0.831	0.143	0.212	−0.078	0.422
	MC2	213	1	5	2.81	0.948	0.316	0.212	−0.072	0.422
	MC3	213	1	5	2.90	0.854	0.171	0.212	0.08	0.422
	MC4	213	1	5	2.98	0.922	−0.26	0.212	−0.126	0.422
评价权威性	AE1	213	1	5	3.39	1.032	−0.054	0.212	−0.51	0.422
	AE2	213	1	5	3.46	0.892	1.124	0.212	0.851	0.422
沉浸体验	FL1	213	1	5	3.11	1.019	1.066	0.212	0.362	0.422
	FL2	213	1	5	3.76	0.971	0.248	0.212	−0.418	0.422
创新性	PI1	213	1	5	3.34	0.991	−0.039	0.212	−0.37	0.422
	PI2	213	1	5	3.46	0.969	0.437	0.212	−0.087	0.422
	PI3	213	1	5	3.69	1.009	0.57	0.212	−0.203	0.422
行为意愿	AI1	213	1	5	2.55	0.904	0.723	0.212	0.498	0.422
	AI2	213	1	5	3.89	0.848	0.196	0.212	−0.146	0.422
	AI3	213	1	5	3.60	0.803	0.759	0.212	0.309	0.422
实际行为	UB1	213	1	5	3.69	0.857	0.741	0.212	0.907	0.422
	UB2	213	1	5	3.52	0.794	0.315	0.212	0.186	0.422
	UB3	213	1	5	3.62	0.867	0.117	0.212	0.398	0.422

从各指标的偏度和峰度来看,本研究模型中的每一个指标的偏度值和峰度值满足正态分布要求,可以进行结构方程的构建。

5.2 信度分析

本研究的信度检验通过分析比较内部题目间的关系,主要考察测量指标间的内在一致性。采用 Cronbach's a 系数评价量表的各个题项得分间的一致性来考察它们是否衡量了同一个测量变量。从表5-4中可以看到本研究整体信度达到0.91,其他各测量变量也都满足Hair等人所建议的大于0.7的阈限值,说明各因素及整个量表的计量项目具有良好的内部一致性,符合研究需求。

表5-4 信度检验

测量指标	变量名称	测量项删除后的Cronbach's a 值	Cronbach's a 值
感知有用性	PU1	0.901	0.841
	PU2	0.899	
	PU3	0.900	
	PU4	0.900	
感知易用性	PE1	0.903	0.808
	PE2	0.903	
	PE3	0.902	
	PE4	0.901	
相关性	RE1	0.902	0.719
	RE2	0.903	
系统可及性	SA1	0.901	0.821
	SA2	0.901	
交互性	MC1	0.902	0.745
	MC2	0.900	
	MC3	0.900	
	MC4	0.903	
评价权威性	AE1	0.901	0.748
	AE2	0.902	
沉浸体验	FL1	0.902	0.800
	FL2	0.903	
创新性	PI1	0.902	0.807
	PI2	0.902	
	PI3	0.904	

续 表

测量指标	变量名称	测量项删除后的 Cronbach's α 值	Cronbach's α 值
行为意愿	AI1	0.901	0.716
	AI2	0.902	
	AI3	0.900	
实际行为	UB1	0.903	0.823
	UB2	0.903	
	UB3	0.904	
整体信度		0.910	

5.3 效度检验

结构效度分析主要测量量表中的题项是否指向同一个问题并能形成一个统一整体,一般使用因子分析来进行检验。通过测量 Bartlett 球形检验值和 KMO 值的大小来判断是否适合做因子分析,一般认为 KMO 值大于等于 0.7 而且 Bartlett 球形检验统计值的显著性概率小于等于显著性水平的样本都是适合做因子分析的。本研究结果显示 KMO 值为 0.786,Bartlett 球形检验 Sig 值为 0.000,说明适合做因子分析,具体见表 5-5。

表 5-5 KMO 和 Bartlett 的检验

取样足够度的 KMO 度量		0.786
Bartlett 球形检验	近似卡方	2 919.977
	Df	820
	Sig.	0.000

5.4 各变量探索性因子分析

(1) 感知有用性探索性因子分析

对于学术出版知识服务的感知有用性测量,本研究在问卷中共设计了有助于获取专业信息、把握研究趋势、提高研究效率和建立知识管理体系 4 个测量指标,具体各个指标之间的相关系数矩阵和探索性因子分析结果如下。

1) 各个指标之间的相关系数矩阵

从表 5-6(a) 显示的相关系数矩阵可以看出 4 个指标之间的相关

表 5-6(a)　相 关 矩 阵

		PU1	PU2	PU3	PU4
相关	PU1	1.000	0.581	0.740	0.375
	PU2	0.581	1.000	0.605	0.669
	PU3	0.740	0.605	1.000	0.451
	PU4	0.375	0.669	0.451	1.000
显著性	PU1		0.000	0.000	0.000
	PU2	0.000		0.000	0.000
	PU3	0.000	0.000		0.000
	PU4	0.000	0.000	0.000	

表 5-6(b)　KMO 和 Bartlett 的检验

取样足够度的 KMO 度量		0.718
Bartlett 球形检验	近似卡方	243.385
	Df	6
	Sig.	0.000

性还比较理想,表 5-6(b)显示 KMO 值为 0.718,Bartlett 球形检验统计量为 243.385,相应的概率 Sig 值为 0.000,说明相关系数矩阵与单位矩阵有显著差异,适合作因子分析。因此,进一步对这 4 个测量指标进行探索性因子分析。

2)探索性因子分析

表 5-6(c) 因子解释及负荷

测量指标	共同度	因子载荷
PU1	0.692	0.866
PU2	0.734	0.857
PU3	0.750	0.832
PU4	0.538	0.733

表 5-6(d) 因子提取状况

因子	初始特征根	方差解释率(%)	累计解释率(%)
1	2.718	67.960	67.960
2	0.739	18.483	86.443
3	0.293	7.334	93.777
4	0.249	6.223	100.000

从表 5-6(c)、表 5-6(d)中可看到,利用主成分分析法对有用性感知进行提取因子,提取出的单个因子特征值为 2.718,可以解释感知有用性 4 个测量指标 67.960% 的方差变化,4 个感知有用性测量指标的共同度都在 0.5 以上,在提出的单个因子上的载荷均超过 0.7,总体上来讲,这个因子对学术出版知识服务有用性感知的 4 个测量指标都进行了很好地解释。

(2)感知易用性探索性因子分析

对于学术出版知识服务易用性感知测量,本研究在问卷中共设计了操作不复杂、花费时间少、导航实用和进行知识管理简单 4 个测量指标,具体各个指标之间的相关系数矩阵和探索性因子分析结果如下。

1) 各个指标之间的相关系数矩阵

表 5-7(a) 相 关 矩 阵

		PE1	PE2	PE3	PE4
相关	PE1	1.000	0.701	0.442	0.447
	PE2	0.701	1.000	0.559	0.426
	PE3	0.442	0.559	1.000	0.509
	PE4	0.447	0.426	0.509	1.000
显著性 (单尾)	PE1		0.000	0.000	0.000
	PE2	0.000		0.000	0.000
	PE3	0.000	0.000		0.000
	PE4	0.000	0.000	0.000	

表 5-7(b) KMO 和 Bartlett 的检验

取样足够度的 KMO 度量		0.718
Bartlett 球形 检验	近似卡方	183.323
	Df	6
	Sig.	0.000

从表 5-7(a)显示的相关系数矩阵可以看出 4 个指标之间的相关系数较高,表 5-7(b)显示 KMO 值为 0.718,Bartlett 球形检验统计量为 183.323,相应的概率 Sig 值为 0.000,说明相关系数矩阵与单位矩阵有显著差异,适合作因子分析。因此,进一步对这 4 个测量指标进行探索性因子分析。

2) 探索性因子分析

从表 5-7(c)、表 5-7(d)中可看到,利用主成分分析法对感知易用性进行提取因子,提取出的单个因子特征值为 2.549,可以解释感知易用性 4 个测量指标 63.713%的方差变化,4 个感知易用性测量指标的共同度都在 0.5 以上,在提出的单个因子上的载荷均超过 0.7,总体上来讲,这个因子对学术出版知识服务易用性感知的 4 个测量指标都进行了很好的解释。

表 5－7(c) 因子解释及负荷

测量指标	共同度	因子载荷
PE1	0.644	0.803
PE2	0.699	0.836
PE3	0.558	0.747
PE4	0.527	0.726

表 5－7(d) 因子提取状况

因子	初始特征根	方差解释率(%)	累计解释率(%)
1	2.549	63.713	63.713
2	0.675	16.863	80.576
3	0.506	12.652	93.228
4	0.271	6.772	100.000

(3) 相关性探索性因子分析

对于学术出版知识服务相关性测量,本研究在问卷中共设计了知识资源与知识需求相关、知识资源能满足知识需求 2 个测量指标,具体各个指标之间的相关系数矩阵和探索性因子分析结果如下。

1) 各个指标之间的相关系数矩阵

表 5－8(a) 相关矩阵

		RE1	RE2
相关	RE1	1.000	0.568
	RE2	0.568	1.000
显著性 (单尾)	RE1		0.000
	RE2	0.000	

表 5-8(b)　KMO 和 Bartlett 的检验

取样足够度的 KMO 度量		0.500
Bartlett 球形检验	近似卡方	48.986
	Df	1
	Sig.	0.000

从表 5-8(a)显示的相关系数矩阵可以看出指标间相关系数较高,表 5-8(b)显示 KMO 值为 0.500,Bartlett 球形检验统计量为 48.986,相应的概率 Sig 值为 0.000,说明相关系数矩阵与单位矩阵有显著差异,适合作因子分析。因此,进一步对这 2 个测量指标进行探索性因子分析。

2) 探索性因子分析

表 5-8(c)　因子解释及负荷

测量指标	共同度	因子载荷
RE1	0.793	0.891
RE2	0.793	0.891

表 5-8(d)　因子提取状况

因子	初始特征根	方差解释率(%)	累计解释率(%)
1	1.568	78.424	78.424
2	0.432	21.576	100.000

从表 5-8(c)、表 5-8(d)中可以看出,利用主成分分析法成功提取出的单个因子的特征值是 1.568,累计解释原有 2 个指标总方差的 78.424%,2 个相关性指标的共同度都在 0.793,在提出的单个因子上的载荷均超过 0.7,总体上来讲,这个因子对学术出版知识服务相关性的 2 个测量指标进行了很好的解释。

(4) 系统可及性探索性因子分析

对于学术出版知识服务相关性测量,本研究在问卷中共设计了知识服务不受时空限制、不受设备限制 2 个测量指标,具体各个指标之间的相关系数矩阵和探索性因子分析结果如下。

1) 各个指标的相关系数矩阵

表 5-9(a) 相 关 矩 阵

		SA1	SA2
相关	SA1	1.000	0.706
	SA2	0.706	1.000
显著性 (单尾)	SA1		0.000
	SA2	0.000	

表 5-9(b) KMO 和 Bartlett 的检验

取样足够度的 KMO 度量		0.500
Bartlett 球形 检验	近似卡方	87.979
	Df	1
	Sig.	0.000

从表 5-9(a)显示的指标相关系数矩阵可以看出两个指标的相关系数较高。表 5-9(b)显示 KMO 值为 0.500,Bartlett 球形检验统计量为 87.979,相应的概率 Sig 值为 0.000,说明相关系数矩阵与单位矩阵有显著差异,适合做因子分析。因此,进一步对这 2 个测量指标进行探索性因子分析。

2) 探索性因子分析

表 5-9(c) 因子解释及负荷

测量指标	共 同 度	因子载荷
SA1	0.848	0.921
SA2	0.848	0.921

表 5-9(d)　因子提取状况

因子	初始特征根	方差解释率(%)	累计解释率(%)
1	1.706	85.300	85.300
2	0.294	14.700	100.000

从表 5-9(c)、表 5-9(d)中可看到,利用主成分分析法成功提取出的单个因子特征值是 1.706,累计解释原有 2 个指标总方差的 85.300%,2 个系统可及性指标共同度都为 0.848,在提出的单个因子上的载荷均超过 0.7,总体上来讲,这个因子对学术出版知识服务系统可及性的 2 个测量指标进行了很好的解释,探索性因子分析结果较理想。

(5) 交互性探索性因子分析

对于学术出版知识服务交互性测量,本研究在问卷中共设计了能够与编辑互动、能够与其他用户互动、能根据自身需求选择服务及能分享专业收获 4 个测量指标,具体各个指标之间的相关系数矩阵和探索性因子分析结果如下。

1) 各个指标之间的相关系数矩阵

表 5-10(a)　相 关 矩 阵

		MC1	MC2	MC3	MC4
相关	MC1	1.000	0.686	0.449	0.100
	MC2	0.686	1.000	0.656	0.229
	MC3	0.449	0.656	1.000	0.350
	MC4	0.100	0.229	0.350	1.000
显著性	MC1		0.000	0.000	0.130
	MC2	0.000		0.000	0.005
	MC3	0.000	0.000		0.000
	MC4	0.130	0.005	0.000	

表 5-10(b)　KMO 和 Bartlett 的检验

取样足够度的 KMO 度量		0.656
Bartlett 球形检验	近似卡方	168.202
	Df	6
	Sig.	0.000

从表 5-10(a)显示的指标相关系数矩阵可以看出 4 个指标的相关系数较高。表 5-10(b)显示 KMO 值为 0.656，Bartlett 球形检验统计量为 168.202，相应的概率 Sig 值为 0.000，说明相关系数矩阵与单位矩阵有显著差异，适合做因子分析。因此，进一步对这 4 个测量指标进行探索性因子分析。

2) 探索性因子分析

表 5-10(c)　因子提取状况（原始）

因子	初始特征根	方差解释率(%)	累计解释率(%)
1	2.317	57.925	57.925
2	0.958	23.956	81.881
3	0.476	11.909	93.790
4	0.248	6.210	100.000

表 5-10(d)　因子解释及负荷（原始）

测量指标	共同度	因子载荷
MC1	0.627	0.792
MC2	0.816	0.903
MC3	0.703	0.839
MC4	0.180	0.424

从表 5-10(c)、表 5-10(d)中可看到，利用主成分分析法成功提取出的单个因子特征值是 2.317，累计解释原有 4 个指标总方差的

57.925%,3个交互性测量指标共同度都在 0.5 以上,在提出的单个因子上的载荷都超过 0.7,MC4 因子载荷只有 0.424,共同度只有 0.180,说明这个测量指标和另外三个测量指标不能很好地归为一类,为了保证测量指标间的内部统一性,本研究首先剔除共同度最低的 MC4 这项指标。

表 5-10(e)   因子解释及负荷(调整)

测量指标	共同度	因子载荷
MC1	0.682	0.826
MC2	0.845	0.919
MC3	0.688	0.830

表 5-10(f)   因子提取状况(调整)

因子	初始特征根	方差解释率(%)	累计解释率(%)
1	2.216	73.859	73.859
2	0.534	17.809	91.668
3	0.250	8.332	100.000

从调整后得到的表 5-10(e)来看,单个因子对学术出版知识服务交互性剩余的 3 个测量指标的解释程度进行了很好的改进。此外,这 3 个测量指标在单因子上的负荷都比较高(都在 0.8 以上),表明这 3 个测量交互性的指标可以很好地归入同一个因子。

调整后得到的表 5-10(f)进一步显示,在利用主成分分析法对学术出版知识服务交互性状况进行因子提取的过程中,提取的单个因子可以解释交互性 3 个测量指标 73.859% 的方差变化,表明提取的这个因子可以很好地对学术出版知识服务交互性状况进行概括。

(6) 评价权威性探索性因子分析

对于学术出版知识服务评价权威性测量,本研究在问卷中共设计了权威评价有助于学术出版数字化建设和通过知识服务平台获得专业领域权威评价 2 个测量指标,具体两个指标之间的相关系数矩阵和探索性因子分析结果如下。

1) 两个指标之间的相关系数矩阵

表 5-11(a)　相 关 矩 阵

		AE1	AE2
相关	AE1	1.000	0.603
	AE2	0.603	1.000
显著性 (单尾)	AE1		0.000
	AE2	0.000	

表 5-11(b)　KMO 和 Bartlett 的检验

取样足够度的 KMO 度量		0.500
Bartlett 球形 检验	近似卡方	56.747
	Df	1
	Sig.	0.000

从表 5-11(a)显示的指标相关系数矩阵可以看出 2 个指标的相关系数较高。表 5-11(b)显示 KMO 值为 0.500,Bartlett 球形检验统计量为 56.747,相应的概率 Sig 值为 0.000,说明相关系数矩阵与单位矩阵有显著差异,适合做因子分析。因此,进一步对这 2 个测量指标进行探索性因子分析。

2) 探索性因子分析

表 5-11(c)　因子解释及负荷

测量指标	共 同 度	因子载荷
SA1	0.793	0.890
SA2	0.793	0.890

表5-11(d) 因子提取状况

因子	初始特征根	方差解释率(%)	累计解释率(%)
1	1.603	80.156	80.156
2	0.397	19.844	100.000

从表5-11(c)、表5-11(d)中可以看出,利用主成分分析法成功提取出的单个因子特征值是1.603,累计解释原有2个指标总方差的80.156%,评价权威性的2个测量指标共同度都为0.793,在提出的单个因子上的载荷均超过0.7,总体上来讲,这个因子对学术出版知识服务评价权威性的2个测量指标进行了很好的解释,探索性因子分析结果较理想。

(7) 沉浸体验探索性因子分析

对学术出版知识服务沉浸体验测量,本研究在问卷中共设计了使用知识服务平台感觉时间过得快和常常沉浸其中2个测量指标,2个指标间的相关系数矩阵和探索性因子分析具体结果如下。

1) 两个指标之间的相关系数矩阵

表5-12(a) 相关矩阵

		FL1	FL2
相关	FL1	1.000	0.667
	FL2	0.667	1.000
显著性(单尾)	FL1		0.000
	FL2	0.000	

表5-12(b) KMO和Bartlett的检验

取样足够度的KMO度量		0.500
Bartlett球形检验	近似卡方	75.782
	Df	1
	Sig.	0.000

从表 5-12(a)显示的指标相关系数矩阵可以看出 2 个指标的相关系数较高。表 5-11(b)显示 KMO 值为 0.500, Bartlett 球形检验统计量为 75.782,相应的概率 Sig 值为 0.000,说明相关系数矩阵与单位矩阵有显著差异,适合做因子分析。因此,进一步对这 2 个测量指标进行探索性因子分析。

2) 探索性因子分析

表 5-12(c)　因子解释及负荷

测量指标	共同度	因子载荷
FL1	0.869	0.932
FL1	0.869	0.932

表 5-12(d)　因子提取状况

因子	初始特征根	方差解释率(%)	累计解释率(%)
1	1.667	83.374	83.374
2	0.333	16.626	100.000

从表 5-12(c)、表 5-12(d)中可以看出,利用主成分分析法成功提取出的单个因子特征值是 1.667,累计解释原有 2 个指标总方差的 83.374%,沉浸体验的 2 个测量指标共同度都为 0.869,在提出的单个因子上的载荷均为 0.932,总体上来讲,这个因子对学术出版知识服务沉浸体验的 2 个测量指标进行了很好的解释,探索性因子分析结果较理想。

(8) 创新性效度分析

对于学术出版知识服务创新性测量,本研究在问卷中共设计了喜欢尝试新科技、使用新科技产品会兴奋和更早关注新科技 3 个测量指标,具体各个指标之间的相关系数矩阵和探索性因子分析结果如下。

1) 各个指标之间的相关系数矩阵

表 5‑13(a)　相 关 矩 阵

		PI1	PI2	PI3
相关	PI1	1.000	0.674	0.553
	PI2	0.674	1.000	0.568
	PI3	0.553	0.568	1.000
显著性 (单尾)	PI1		0.000	0.000
	PI2	0.000		0.000
	PI3	0.000	0.000	

表 5‑13(b)　KMO 和 Bartlett 的检验

取样足够度的 KMO 度量		0.705
Bartlett 球形 检验	近似卡方	133.669
	Df	3
	Sig.	0.000

从表 5‑13(a)显示的指标相关系数矩阵可以看出，3 个指标的相关系数较高。表 5‑13(b)显示 KMO 值为 0.705，Bartlett 球形检验统计量为 133.669，相应的概率 Sig 值为 0.000，说明相关系数矩阵与单位矩阵有显著差异，适合做因子分析。因此，进一步对这 3 个测量指标进行探索性因子分析。

2) 探索性因子分析

表 5‑13(c)　因子解释及负荷

测量指标	共 同 度	因子载荷
PI1	0.750	0.866
PI2	0.781	0.884
PI3	0.711	0.843

表 5-13(d)　因子提取状况

因子	初始特征根	方差解释率(%)	累计解释率(%)
1	2.198	73.282	73.282
2	0.476	15.856	89.138
3	0.326	10.862	100.000

从表 5-13(c)、表 5-13(d)中可以看出,利用主成分分析法成功提取出的单个因子特征值是 2.198,累计解释原有 3 个指标总方差的 73.282%,创新性的 3 个测量指标共同度都大于 0.7,在提出的单个因子上的载荷均超过 0.7,总体上来讲,这个因子对学术出版知识服务创新性的 3 个测量指标进行了很好的解释,探索性因子分析结果较理想。

(9) 行为意愿探索性因子分析

对于学术出版知识服务行为意愿测量,本研究在问卷中共设计了愿意持续使用、今后会经常使用和愿意推荐他人使用 3 个测量指标,具体各个指标之间的相关系数矩阵和探索性因子分析结果如下。

1) 各个指标之间的相关系数矩阵

表 5-14(a)　相 关 矩 阵

		AI1	AI2	AI3
相关	AI1	1.000	0.462	0.470
	AI2	0.462	1.000	0.446
	AI3	0.470	0.446	1.000
显著性 (单尾)	AI1		0.000	0.000
	AI2	0.000		0.000
	AI3	0.000	0.000	

表 5-14(b)　KMO 和 Bartlett 的检验

取样足够度的 KMO 度量		0.680
Bartlett 球形检验	近似卡方	73.614
	Df	3
	Sig.	0.000

从表 5-14(a)显示的指标相关系数矩阵可以看出 3 个指标的相关系数较高。表 5-14(b)显示 KMO 值为 0.680，Bartlett 球形检验统计量为 73.614，相应的概率 Sig 值为 0.000，说明相关系数矩阵与单位矩阵有显著差异，适合做因子分析。因此，进一步对这 3 个测量指标进行探索性因子分析。

2) 探索性因子分析

表 5-14(c)　因子解释及负荷

测量指标	共同度	因子载荷
AI1	0.653	0.807
AI2	0.595	0.798
AI3	0.581	0.794

表 5-14(d)　因子提取状况

因子	初始特征根	方差解释率(%)	累计解释率(%)
1	1.919	63.954	63.954
2	0.555	18.493	82.447
3	0.527	17.553	100.000

从表 5-14(c)、表 5-14(d)中可以看出，利用主成分分析法成功提取出的单个因子特征值是 1.919，累计解释原有 3 个指标总方差的 63.954%，行为意愿的 3 个测量指标共同度都大于 0.5，在提出的单个因子上的载荷均超过 0.7，总体上来讲，这个因子对学术出版知识服务的行为意愿的 3 个测量指标进行了很好的解释，探索性因子分析结果较理想。

(10) 实际行为探索性因子分析

对于学术出版知识服务实际行为测量，本研究在问卷中共设计了大部分学习研究工作利用平台完成、会主动使用和经常使用 3 个测量指标，具体各个指标之间的相关系数矩阵和探索性因子分析结果如下：

1) 各个指标之间的相关系数矩阵

表 5-15(a) 相 关 矩 阵

		UB1	UB2	UB3
相关	UB1	1.000	0.528	0.546
	UB2	0.528	1.000	0.757
	UB3	0.546	0.757	1.000
显著性（单尾）	UB1		0.000	0.000
	UB2	0.000		0.000
	UB3	0.000	0.000	

表 5-15(b) KMO 和 Bartlett 的检验

取样足够度的 KMO 度量		0.678
Bartlett 球形检验	近似卡方	155.173
	Df	3
	Sig.	0.000

从表 5-15(a)显示的指标相关系数矩阵可以看出 3 个指标的相关系数较高。表 5-15(b)显示 KMO 值为 0.678，Bartlett 球形检验统计量为 155.173，相应的概率 Sig 值为 0.000，说明相关系数矩阵与单位矩阵有显著差异，适合做因子分析。因此，进一步对这 3 个测量指标进行探索性因子分析。

2) 探索性因子分析

表 5-15(c) 因子解释及负荷

测量指标	共 同 度	因子载荷
UB1	0.693	0.912
UB2	0.808	0.899
UB3	0.831	0.833

表 5-15(d)　因子提取状况

因子	初始特征根	方差解释率(%)	累计解释率(%)
1	2.227	74.239	74.239
2	0.530	17.670	91.908
3	0.243	8.092	100.000

从表 5-15(c)、表 5-15(d)中可以看出,利用主成分分析法成功提取出的单个因子特征值是 2.227,累计解释原有 3 个指标总方差的 74.239%,实际行为的 3 个测量指标共同度都大于 0.6,在提出的单个因子上的载荷均超过 0.7,总体上来讲,这个因子对学术出版知识服务的实际行为的 3 个测量指标进行了很好的解释,探索性因子分析结果较理想。

(11) 探索性因子分析总表

从探测性因子分析的结果(表 5-16)来看,在所有关键指标中均提取出了令人满意的因子,所提取的因子对总体差异的累计解释率最高达到 85%,而且因子载荷基本都高于 0.7,具有很强的解释力度,从而表明本调查问卷结构效度优良,能够满足本研究开展进一步可靠研究的需要。

表 5-16　探索性因子分析总表

	感知有用性	感知易用性	相关性	系统可及性	交互性	评价权威性	沉浸体验	创新性	行为意愿	实际行为
PU1	0.866									
PU2	0.857									
PU3	0.832									
PU4	0.733									
PE1		0.803								
PE2		0.836								
PE3		0.747								
PE4		0.726								

续 表

	感知有用性	感知易用性	相关性	系统可及性	交互性	评价权威性	沉浸体验	创新性	行为意愿	实际行为
RE1			0.891							
RE2			0.891							
SA1				0.921						
SA2				0.921						
MC1					0.826					
MC2					0.919					
MC3					0.830					
AE1						0.890				
AE2						0.890				
FL1							0.932			
FL2							0.932			
PI1								0.866		
PI2								0.884		
PI3								0.843		
AI1									0.807	
AI2									0.794	
AI3									0.798	
UB1										0.912
UB2										0.899
UB3										0.833

5.5 各变量验证性因子分析

  本研究从整体模型框架开始,通过结构方程建模,多维度分析用户行为意向,并对其中相互作用的机理进行假设研究。使用 AMOS 软件分析验证模型中各种假设是否成立,并测量各变量之间的路径系数。

(1) 感知有用性的验证性因子分析

探索性因子分析结果显示学术出版知识服务的有用性感知主要通过有助于获取专业信息、把握研究趋势、提高研究效率和建立知识管理体系 4 个指标进行衡量。具体因子与测量指标的关系见图 5-1。

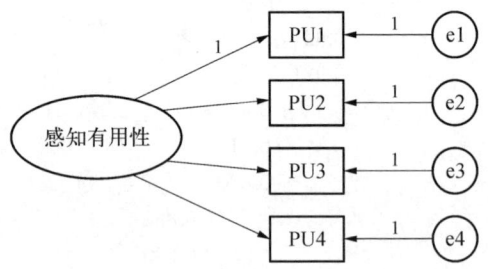

图 5-1 感知有用性的验证性因子分析

利用验证性因子分析和对学术出版知识服务的调查数据,分别计算各个测量指标在感知有用性因子上的载荷及其显著性,具体结果见表 5-17。

表 5-17(a) 感知有用性的因子负荷

测量指标	因子	因子负荷	P	标准化因子负荷
PU1	← 感知有用性	1.000		0.847
PU2	← 感知有用性	1.108		0.696
PU3	← 感知有用性	1.203		0.895
PU4	← 感知有用性	0.803		0.533

表 5-17(b) 感知有用性的因子模型拟合状况

χ^2	df	p	CFI	RMSEA
37.507	2	0.000	0.840	0.396

从表 5-17(a)中可以看到,测量学术出版知识服务感知有用性的 4 个指标在单个因子上的负荷都十分显著。从标准化因子负荷的大小看,所有指标的标准化因子负荷也都在 0.5 以上,说明这 4 个指标可以

很好地归入感知有用性这一因子。

表 5-17(b)进一步显示,学术出版知识服务感知有用性的验证性因子分析模型对数据的拟合程度良好,模型的卡方值为 37.507(自由度为2),相对拟合指数(Comparative Fit Index, CFI)是 0.840,调整后的均方根指数(Root Mean Square Error of Approximation, RMSEA)为 0.396。

(2) 感知易用性的验证性因子分析

根据之前的探索性因子分析结果,学术出版知识服务易用性感知主要通过操作不复杂、花费时间少、导航实用和进行知识管理简单这 4 个指标进行测量。具体因子与测量指标的关系见图 5-2。

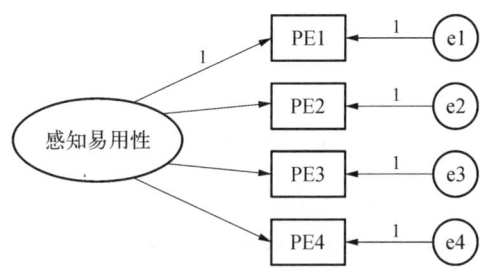

图 5-2　感知易用性的验证性因子分析

利用验证性因子分析和对学术出版知识服务的调查数据,分别计算了各个测量指标在感知易用性因子上的负荷及其显著性,具体结果见表 5-18。

表 5-18(a)　感知易用性的因子负荷

测量指标		因　子	因子负荷	P	标准化因子负荷
PE1	←	感知易用性	1.000		0.782
PE2	←	感知易用性	1.127		0.849
PE3	←	感知易用性	0.710		0.566
PE4	←	感知易用性	0.706		0.530

表 5-18(b)　感知易用性因子模型拟合状况

χ^2	df	p	CFI	RMSEA
14.163	2	0.01	0.911	0.232

从表 5-18(a)中可以看到,测量学术出版知识服务感知易用性的 4 个指标在这个因子上的负荷都十分显著。从标准化因子负荷的大小看,所有指标的标准化因子负荷都在 0.5 以上,说明这 4 个指标可以很好地归入感知易用性这一因子。

表 5-18(b)进一步显示,学术出版知识服务感知易用性的验证性因子分析模型对数据的拟合程度良好,模型的卡方值为 14.163(自由度为 2),相对拟合指数(CFI)为 0.911,调整后的均方根指数(RMSEA)为 0.232。

(3) 相关性与沉浸体验验证性因子分析

根据本研究对于学术出版知识服务构建的微观模型,学术出版机构的知识资源与知识需求相匹配并能很好地满足用户的知识需求,会显著影响到用户是否在接受知识服务的过程中沉浸其中。根据之前的探索性因子分析结果,相关性是通过知识资源与知识需求相关、知识资源能满足知识需求这 2 个指标进行测量,而沉浸体验则通过使用知识服务平台感觉时间过得快和常常沉浸其中这 2 个指标进行测量。因此,对于相关性与沉浸体验的具体因子与测量指标的关系如图 5-3 所示。

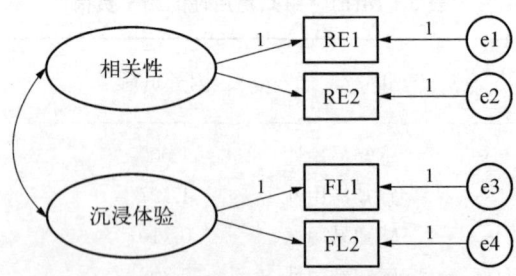

图 5-3　相关性与沉浸体验验证性因子分析

利用验证性因子分析和市场调查数据,分别计算了各个测量指标在相关性与沉浸体验因子上的负荷及其显著性,具体结果见表5-19。

表 5-19(a) 相关性与沉浸体验因子负荷

测量指标		因　子	因子负荷	P	标准化因子负荷
RE1	←	相关性	1.000		1.420
RE2	←	相关性	0.338	0.443	0.513
FL1	←	沉浸体验	1.000		0.725
FL2	←	沉浸体验	1.567	0.011	1.109

表 5-19(b) 相关性与沉浸体验因子模型拟合状况

χ^2	df	p	CFI	RMSEA
0.267	1	0.267	1.000	0.000

从表5-19(a)中可以看到,测量相关性与沉浸体验的各个指标在各自因子上的负荷都十分显著,且相关性和沉浸体验之间的相互关系也非常明显。从标准化因子负荷的大小看,所有指标的标准化因子负荷也都在0.5以上。

从表5-19(b)进一步显示,相关性与沉浸体验的验证性因子分析模型对数据的拟合程度良好,模型的卡方值为0.267(自由度为1),相对拟合指数(CFI)为1.000,调整后的均方根指数(RMSEA)为0.000。

(4)系统可及性与交互性验证性因子分析

根据本研究对于学术出版知识服务构建的微观模型,学术出版知识服务系统如果有很强的可及性,方便用户随时展开各项交流互动、分享知识资源,这将极大地提升知识服务效果。根据之前的探索性因子分析结果,系统可及性是通过知识服务不受时空限制、不受设备限制这2个指标进行测量,而交互性则通过能够与编辑互动、能够与其他用户互动、能根据自身需求选择服务及能分享专业收获这4个指标进行测量。系统可及性与交互性的具体因子与测量指标的关系如图5-4所示。

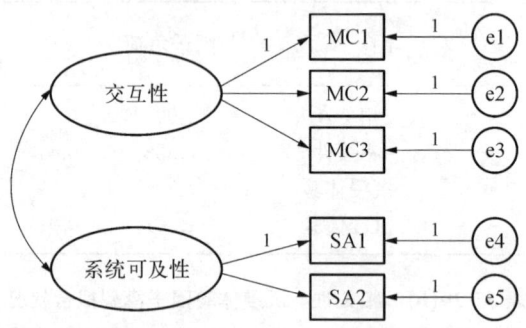

图5-4 系统可及性与交互性验证性因子分析

利用验证性因子分析和市场调查数据,分别计算了各个测量指标在系统可及性与交互体验各因子上的因子负荷及其显著性,具体结果见表5-20。

表5-20(a) 交互性与系统可及性因子负荷

测量指标		因子	因子负荷	P	标准化因子负荷
MC1	←	交互性	1.000		0.688
MC2	←	交互性	1.371		0.911
MC3	←	交互性	1.011		0.764
SA1	←	系统可及性	1.000		0.760
SA2	←	系统可及性	1.310		0.916

表5-20(b) 交互性与系统可及性因子模型拟合状况

χ^2	df	p	CFI	RMSEA
0.267	4	0.000	0.911	0.233

从表5-20(a)中可以看到,测量交互性与系统可及性的各个指标

在各自因子上的负荷都十分显著,且交互性和系统可及性两个因子之间的相互关系也非常明显。从标准化因子负荷的大小看,所有指标的标准化因子负荷也都在 0.6 以上。

从表 5-20(b)进一步显示,交互性与系统可及性的验证性因子分析模型对数据的拟合程度非常好,模型的卡方值为 0.267(自由度为 4),相对拟合指数(CFI)为 0.911,调整后的均方根指数(RMSEA)为 0.233。

(5) 评价权威性与创新性验证性因子分析

根据本研究所构建的微观实证模型,用户接受学术出版知识服务的终极目标应当是知识创新,并获取来自专业领域的权威评价,根据之前的探索性因子分析结果,其中创新性是通过喜欢尝试新科技、使用新科技产品会兴奋和更早关注新科技 3 个指标进行测量,评价权威性则是通过权威评价有助于学术出版数字化建设和通过知识服务平台获得专业领域权威评价 2 个指标进行测量。创新性与评价权威性的相关因子和测量指标的关系如图 5-5 所示。

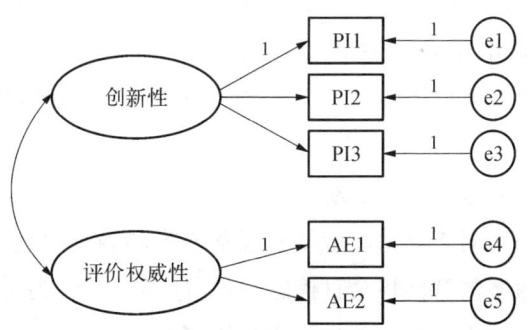

图 5-5 创新性与评价权威性验证性因子分析

利用验证性因子分析和市场调查数据,分别计算了各个测量指标在创新性与评价权威性各个因子上的负荷及其显著性,具体结果见表 5-22。

表 5-21(a)　创新性与评价权威性因子负荷

测量指标	因子	因子负荷	P	标准化因子负荷
PI1 ←	创新性	1.000		0.807
PI2 ←	创新性	1.020		0.833
PI3 ←	创新性	0.974		0.723
AE1 ←	评价权威性	1.000		0.649
AE2 ←	评价权威性	1.544	0.002	0.901

表 5-21(b)　创新性与评价权威性因子模型拟合状况

χ^2	df	p	CFI	RMSEA
8.221	4	0.084	0.978	0.097

从表 5-21(a)中可以看到,测量创新性与评价权威性的各个指标在各自因子上的负荷都十分显著,且创新性和评价权威性之间的相互关系也非常明显。从标准化因子负荷的大小看,所有指标的标准化因子负荷也都在 0.6 以上。

表 5-22(b)进一步显示,创新性与评价权威性的验证性因子分析模型对数据的拟合程度良好,模型的卡方值为 8.221(自由度为 4),相对拟合指数(CFI)为 0.978,调整后的均方根指数(RMSEA)为 0.097。

(6) 行为意愿与实际行为

根据本研究对于学术出版知识服务制定的微观模型,用户接受学术出版知识服务的意愿将会直接影响到用户是否会实际使用学术出版知识服务平台。而根据此前的探索性因子分析结果,行为意愿是通过愿意持续使用、今后会经常使用和愿意推荐他人使用等 3 个指标进行测量的,而实际行为则通过大部分学习研究工作利用平台完成、会主动使用和经常使用等 3 个指标进行测量。因此,行为意愿、实际行为的具体因子与测量指标的关系如图 5-6 所示。

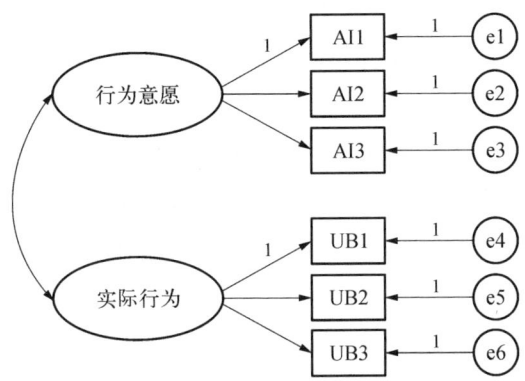

图 5-6 行为意愿与实际行为验证性因子分析

利用验证性因子分析和市场调查数据,分别计算了各个测量指标在行为意愿与实际行为各个因子上的负荷及其显著性,具体结果见表 5-22。

表 5-22(a) 行为意愿与实际行为因子负荷

测量指标		因子	因子负荷	P	标准化因子负荷
PI1	←	行为意愿	1.000		0.765
PI2	←	行为意愿	0.795		0.592
PI3	←	行为意愿	0.728		0.570
UB1	←	实际行为	1.000		0.695
UB2	←	实际行为	1.279		0.897
UB3	←	实际行为	1.222		0.856

表 5-22(b) 行为意愿与实际行为因子模型拟合状况

χ^2	df	p	CFI	RMSEA
17.675	8	0.024	0.963	0.103

从表 5-22(a)中可以看到,测量行为意愿与实际行为的各个指标

在各自因子上的负荷都十分显著,且行为意愿和实际行为之间的相互关系也非常明显。从标准化因子负荷的大小看,所有指标的标准化因子负荷也都在 0.5 以上。

表 5-22(b)进一步显示,行为意愿与实际行为的验证性因子分析模型对数据的拟合程度良好,模型的卡方值为 17.675(自由度为 8),相对拟合指数(CFI)为 0.963,调整后的均方根指数(RMSEA)为 0.103。

5.6 基于结构方程的模型检验与修正

(1) 原模型的拟合与修正

为保证研究的有效性,本研究进一步采用 AMOS 22.0 软件对数据进行验证性因素分析,通过测量多个拟合值估计整个学术出版知识服务接受模型与数据样本的拟合程度,检验各变量是否具有足够的收敛效度。本研究各项指标的验证性因素分析结果如表 5-23 所示,根据 Bollen 和 Gefen 等提出的好模型接受标准,可以看出本研究最初提出的微观理论模型对整体数据的拟合状况已经比较理想,模型的卡方值为 642.542(自由度为 336),调整后的均方根指数(RMSEA)为 0.090,但相对拟合指数(CFI)仅为 0.808,明显低于 0.9 的合理界限,因此有必要对原模型进行进一步的修正。

表 5-23 原模型对整体数据的拟合状况

χ^2	df	p	CFI	RMSEA
642.542	336	0.000	0.808	0.090

(2) 模型路径参数检验结果

模型评价首先要考察模型结果中估计出的参数是否具有统计意

义,然后对路径系数或载荷系数进行统计显著性检验,这类似于回归分析中的参数显著性检验。在 AMOS 22.0 中用 CR 及其统计检验相伴概率 p 来进行路径系数/载荷系数的统计显著性检验。

本研究模型路径系数检验结果如表 5-24 所示。除 H2、H6、H7、H13 没通过检验外,其他假设均得到了支持,假设模型的标准化路径系数估计值如表 5-25 所示。

表 5-24 结构方程路径系数及假设检验

因子		因子	路径系数	P	标准化路径系数
感知易用性	←	系统可及性 H8	0.247	0.014	0.274
交互性	←	系统可及性 H9	0.641	***	0.699
评价权威性	←	系统可及性 H10	0.486	***	0.514
感知易用性	←	相关性 H5	0.472	0.002	0.421
沉浸体验	←	相关性 H6	0.139	0.335	0.118
评价权威性	←	创新性 H14	0.198	0.088	0.186
感知有用性	←	相关性 H4	0.271	0.003	0.335
感知有用性	←	感知易用性 H3	0.184	0.028	0.255
感知有用性	←	评价权威性 H12	0.213	0.007	0.309
感知有用性	←	沉浸体验 H11	0.227	***	0.332
感知有用性	←	交互性 H13	0.115	0.276	0.161
感知有用性	←	系统可及性 H7	0.104	0.334	0.159
行为意愿	←	感知有用性 H1	0.684	***	0.638
行为意愿	←	创新性 H15	0.273	0.003	0.347
行为意愿	←	感知易用性 H2	−0.080	0.469	−0.103
实际行为	←	行为意愿 H16	0.712	***	0.584

注:*** 表示 $p < 0.001$。

(3) 结果分析

假设 H2 没有得到支持,这说明在学术出版的数字化知识服务中,用户的感知易用性对感知有用性存在显著影响,但是它不直接影响用户行为意愿,而是通过影响感知有用性而间接影响行为意愿。前人的研究中已有类似结论。戴维斯在其提出 TAM 时曾指出,易用性认知的作用往往在采纳初期较不明显。2004 年,Klejnen 在研究中也发现,由于用户不熟悉或没有机会使用,易用性认知对用户的行为意愿仍不具有显著影响。因此,用户的感知有用性对行为意愿存在显著影响,但如果用户在使用学术出版知识服务系统时十分困难,用户不觉得学术出版数字化知识服务是有用的,而且也不会去使用时,其使用动机也将会减弱。

假设 H6 没有得到支持,说明学术出版数字化知识服务系统上内容资源的数量和质量与用户知识需求的相关性会显著影响用户对系统的有用性和易用性的认知,但对用户的沉浸体验影响并不明显,造成的原因也许是多方面的。信息技术的发展,系统的界面设计和导航设计已经相对成熟,这对于用户搜寻信息所耗费的时间和精力来说影响并不明显,因而对系统的沉浸体验影响会产生弱化。

假设 H7 系统可及性与感知有用性正相关没有得到支持,说明学术出版数字化知识服务系统对用户来说具有重要的价值,但其价值的大小与系统接入性能的好坏联系不显著。

假设 H13 交互性对感知有用性的正向影响也没有得到支持,交互性作为数字时代的一个显著特征,它更多地影响了系统可及性对于有用性的感知。作为环境因素中的一个指标,对于有用性的感知直接影响并没有那么明显。

(4) 最终模型的确立与拟合

根据各个路径系数的显著性水平,本研究逐步剔除了一些显著性较差的路径关系,与此同时根据模型修正指数(MI)添加了部分因子残差之间的相关关系,最终得到如下模型(图 5-7)。

借助 SPSS AMOS 软件,运用极大似然(maximum likelihood)法对修正后模型进行整体检验,得到模型估计结果,如表 5-25 所示。

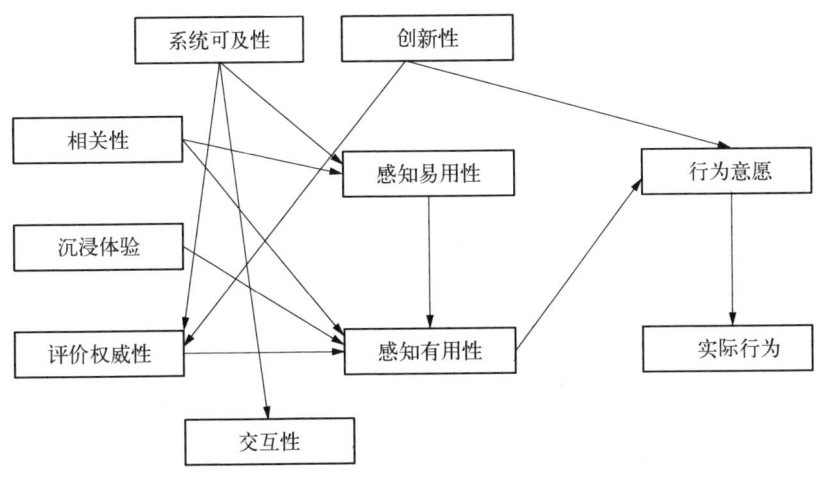

图 5-7 修正后模型图

表 5-25 调整后模型拟合状况

χ^2	df	p	CFI	RMSEA
487.718	322	0.000	0.906	0.063

与原模型相比,修正后的模型对数据拟合得更好,卡方值下降到了487.718,自由度322,相对拟合指数(CFI)提高到了0.906,调整后的均方根指数(RMSEA)下降为0.063,整体都优于原模型,且均优于合理条件。

表 5-26 最终模型中各因子之间的路径系数

因子		因子	路径系数	P	标准化路径系数
感知易用性	←	系统可及性 H8	0.302	***	0.330
评价权威性	←	系统可及性 H10	0.485	***	0.521
感知易用性	←	相关性 H5	0.367	0.002	0.338
评价权威性	←	创新性 H14	0.234	0.019	0.238

续 表

因 子		因 子	路径系数	P	标准化路径系数
感知有用性	←	相关性 H4	0.403	***	0.512
感知有用性	←	感知易用性 H3	0.104	0.016	0.143
感知有用性	←	评价权威性 H12	0.412	***	0.578
感知有用性	←	沉浸体验 H11	0.270	***	0.375
行为意愿	←	感知有用性 H1	0.640	***	0.605
行为意愿	←	创新性 H15	0.246	***	0.333
实际行为	←	行为意愿 H16	0.666	***	0.664
交互性	←	系统可及性 H9	0.691	***	0.728

本研究进一步计算了修正后模型中各因子间的路径系数,并对各个路径系数的进行显著性检验,具体结果见表5-26。修正后模型中的所有路径系数都统计显著,T检验P值都在0.1的显著性水平之下。图5-8是根据表5-26绘制的最终拟合模型标准化路径系数图。

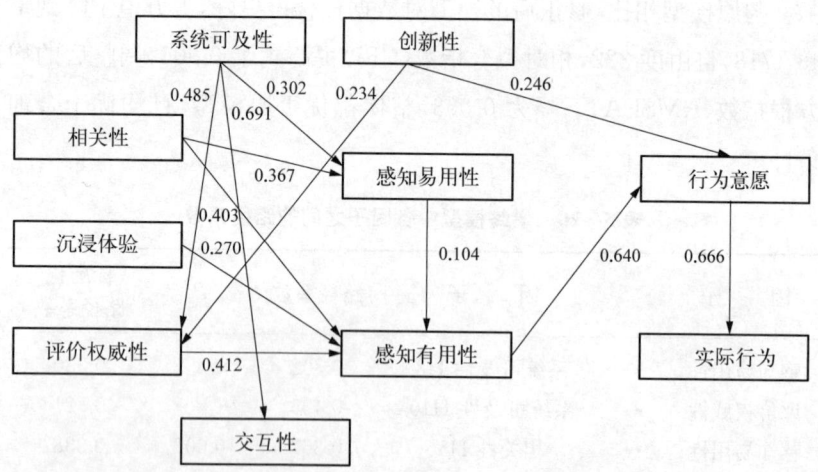

图5-8 最终拟合模型标准化路径系数

5.7 学术出版知识服务接受模型的影响因素分析

根据本研究最终确定的学术出版知识服务接受模型的微观实证模型,可以看出:用户对学术出版知识服务的易用性感知受到系统可及性和相关性的影响,而有用性的感知受到相关性、沉浸体验、评价权威性的影响;接受学术出版知识服务的意愿受到创新性和感知有用性的直接影响,最终接受学术出版知识服务的行为则受到行为意愿的直接影响。

为了能够更加深入地分析各类变量对用户接受学术出版知识服务行为意愿及实际采纳行为的影响程度,本研究借助结构方程模型,进一步对学术出版知识服务接受模型各类变量之间的直接影响、间接影响和总体影响关系进行了计算,具体结果如下。

(1) 学术出版知识服务接受模型中感知有用性的影响因素

从最终的理论模型中可以看出,学术出版知识服务接受模型的感知有用性,主要受到相关性和评价权威性和沉浸体验的直接影响,与此同时还受到创新性、系统可及性、相关性的间接影响。根据最终模型,计算各类变量对学术出版知识服务接受模型感知有用性的具体影响状况如表5-27所示。

表5-27 各类变量对感知有用性的影响作用(标准化后)

影响因素	总体影响作用	直接影响作用	间接影响作用
创新性	0.138	0.000	0.138
系统可及性	0.349	0.000	0.349
相关性	0.560	0.512	0.048
评价权威性	0.578	0.578	0.000
感知易用性	0.143	0.143	0.000
沉浸体验	0.375	0.375	0.000

从直接影响作用来看,评价权威性对感知有用性的正向影响作用最大,从间接影响作用来看,学术出版知识服务接受模型的感知有用性受到系统可及性的影响作用明显大于其他变量。

(2) 学术出版知识服务接受模型中行为意愿的影响因素

从最终的理论模型中可以看出,学术出版知识服务接受模型的行为意愿,主要受到创新性和感知有用性两方面的直接影响,与此同时还受到系统可及性、相关性、评价权威性、感知易用性和沉浸体验的间接影响。根据最终模型,计算各类变量对学术出版知识服务接受模型行为意愿的具体影响状况如表 5-28 所示。

表 5-28 各类变量对行为意愿的影响作用(标准化后)

影响因素	总体影响作用	直接影响作用	间接影响作用
创新性	0.416	0.333	0.083
系统可及性	0.211	0.000	0.211
相关性	0.339	0.000	0.339
评价权威性	0.350	0.000	0.350
感知易用性	0.087	0.000	0.087
沉浸体验	0.227	0.000	0.227
感知有用性	0.605	0.605	0.000

从直接影响作用来看,虽然创新性和感知有用性都对行为意愿产生了显著的正向影响,但感知有用性的影响作用要明显大于创新性的作用。从间接影响作用来看,学术出版知识服务接受模型的行为意愿受到评价权威性和相关性的影响作用明显大于其他变量,这显然体现了学术出版知识服务最本质的效用。

(3) 学术出版知识服务接受模型中实际行为的影响因素

从最终的理论模型中可以看出,学术出版知识服务接受模型的实际行为,主要受到行为意愿的直接影响,与此同时还受到创新性、系统可及性、相关性、评价权威性、感知易用性和沉浸体验和感知有用性的间接影响。根据最终模型，计算各类变量对学术出版知识服务接受模型实际行为的具体影响状况如表 5-29 所示。

表 5-29 各类变量对实际行为的影响作用（标准化后）

影响因素	总体影响作用	直接影响作用	间接影响作用
创新性	0.276	0.000	0.276
系统可及性	0.140	0.000	0.140
相关性	0.225	0.000	0.225
评价权威性	0.232	0.000	0.232
感知易用性	0.057	0.000	0.057
沉浸体验	0.151	0.000	0.151
感知有用性	0.402	0.000	0.402
行为意愿	0.664	0.664	0.000

从表 5-29 可以看出行为意愿对用户最终采取的实际行为产生了显著的正向直接影响。从间接影响作用来看，学术出版知识服务接受模型的实际行为受到感知有用性的影响作用明显大于其他变量，接着是创新性、评价权威性、相关性等，这和各变量对行为意愿的影响作用是相联系的。

5.8 本章小结

本章对学术出版知识服务接受模型提出了总体的理论分析模型，借助市场调查数据测量了模型变量，并对模型整体进行了检验。在对原有理论模型进行修正的同时也得到了一些实证发现，总结如下：

（1）微观理论模型的实证检验情况总结

通过对理论模型进行检验和修正之后，原有部分理论假设得到了验证，与此同时，部分理论假设未被验证或被推翻，具体情况见表 5-30。

表 5-30　假设验证情况

假设	描述	验证结论
H1	感知有用性正向影响行为意愿	通过
H2	感知易用性正向影响行为意愿	不通过
H3	感知易用性正向影响感知有用性	通过
H4	相关性正向影响感知有用性	通过
H5	相关性正向影响感知易用性	通过
H6	相关性正向影响沉浸体验	不通过
H7	系统可及性正向影响感知有用性	不通过
H8	系统可及性正向影响感知易用性	通过
H9	系统可及性正向影响交互性	通过
H10	系统可及性正向影响评价权威性	通过
H11	受众的沉浸体验正向影响感知有用性	通过
H12	权威评价正向影响感知有用性	通过
H13	交互性正向影响感知有用性	不通过
H14	用户的创新性正向影响评价权威性	通过
H15	用户的创新性正向影响行为意愿	通过
H16	行为意愿正向影响实际行为	通过

(2) 微观理论模型实证研究的主要发现

1) 评价权威性对感知有用性的正向影响作用最大,系统可及性对感知有用性的间接影响作用最大。

2) 创新性和感知有用性对行为意愿都产生了显著的正向影响,但感知有用性的影响作用明显大于创新性的影响作用。学术出版知识服务接受模型的行为意愿受到评价权威性和相关性的间接影响作用明显大于其他变量。

3) 用户最终接受知识服务的实际行为受到行为意愿显著的正向影响作用,受到感知有用性的间接影响作用最大,其次是创新性、评价权威性、相关性等。

第六章
学术出版知识服务的机制与价值研究

学术出版知识服务是在各种隐性和显性资源中挖掘用户的知识需求,匹配用户业务流程,应用技术进行知识存储加工、关联整理、创新集成的提炼过程,是有针对性地解决用户问题的高阶信息服务。[①] 时下,大数据技术方兴未艾,开放创新、开放科学带来了学术研究模式的转变,在此背景下,学术出版机构要提升学术出版知识服务质量,必须充分分析用户实时科研、学术业务环境,准确获取用户需求,高效支持用户知识创新。因此,学术出版知识服务流程应该嵌入用户研究过程,在此基础上实现个性化、精准化知识服务,实现知识价值增值。

学术出版知识服务构建的基础是能够实现与用户知识结构的最大效益匹配。布鲁克斯方程式 $K(S)+\Delta I = K(S+\Delta S)$ 指出了用户原有知识结构与新的知识结构之间的关系,即:用户原有知识结构+吸收的外来信息=用户新的知识结构。用户新的知识结构完善程度不仅依赖于自身条件,同时也依赖于学术出版知识服务的过程中知识转移的最终效果,是学术出版占有的知识资源和知识服务人力资源综合作用的结果。

[①] DUFFY J. Knowledge management: what every information professional should know[J]. Information management journal,2000,34(3):10.

6.1 学术出版知识服务过程概述

在面向用户需求的基础上,学术出版知识服务过程可分为服务主体、服务客体、服务内容和服务环境。

(1)服务主体和服务客体。服务主体是知识服务活动的施动者即学术出版机构,根据服务客体的知识需求,运用自身的知识技能,提供相应的知识服务产品。服务客体即用户,通过与服务主体进行的知识互动,获取或接受知识服务产品。

(2)服务内容。服务内容是学术出版机构在对用户需求挖掘、感知的基础上,运用自身知识技能完成一系列的知识活动,最终将知识产品推送给用户。这些知识活动的实现主要由知识转移、知识共享和知识创造三个环节完成。

(3)服务环境。这是指整个学术出版知识服务过程中双方所处的具体环境,包括两方面:1)知识服务保障机制。学术出版机构与用户要开展长期性交互所必须具备的服务保障机制,直接关系到学术出版机构的服务意愿和用户的反馈意愿。2)学术出版知识服务情景。主要指知识服务的过程中学术出版的专业权威程度、资金投入程度、专业差异程度和应用复杂程度。专业权威程度是用户对学术出版知识服务质量期望,影响知识服务过程交互的积极性;资金投入程度是学术出版知识服务过程深入程度,影响知识服务效果和质量;专业差异程度是双方专业背景的差别程度,影响知识服务过程的认知结构和认知能力;应用复杂程度是采纳和接受知识服务的难易程度,影响整个过程交互的顺畅性。

信息时代,学术出版知识服务过程所具备的系统性、非线性及动态性特征愈发明显,因此,本章应用系统动力学方法,在分析知识服务过程中的因果关系和行为演化特性的基础上构建系统动力学模型,并对模型进行仿真验证,为学术出版知识服务机制提供参考。

6.2 学术出版知识服务过程的系统动力学分析

6.2.1 学术出版知识服务因果关系分析

因果关系图是从定性的角度描述系统变量间的相互影响和作用,梳理系统各因素间的因果关系是进行系统动力学分析的关键,因果关系以反馈回路为其组成要素。其中,带"+"的箭头表示指向变量随原变量增减而相应增减,带"-"的箭头表示变量间关系与此相反。[①] 反馈回路的多少是系统复杂程度的标志。在相关理论研究的基础上根据学术出版知识服务流程,本研究构建了学术出版知识服务因果关系图,见图6-1。

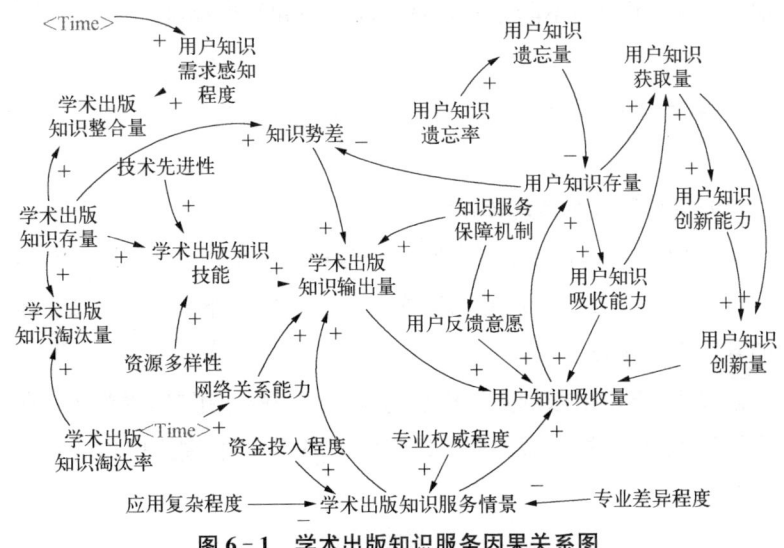

图6-1 学术出版知识服务因果关系图

---

① 王小立.百度"知道"知识传播对个人数字图书馆资源共享的启示——基于系统动力学方法[J].图书馆,2016(2):83-87.

从上图发现学术出版知识服务体系存在两条重要的因果反馈回路：① 知识势差—学术出版的知识输出量—用户的知识吸收量—用户知识存量—知识势差。此回路是学术出版知识服务过程的知识传输阶段，以量变为主，输出量和吸收量决定了知识传输能否顺利进行。② 用户知识存量—用户知识吸收能力—用户知识获取量—用户知识创新能力—用户知识创新量—用户的知识吸收量—用户知识存量。此回路是学术出版知识服务过程的增值阶段，用户获取知识后，吸收内化，进而融合创新，增加自身知识存量。用户知识吸收能力在此阶段对知识高效转移起到了关键性作用，知识获取与知识创新成为知识服务评价效果的重要依据。

学术出版机构具有转移知识的意愿与能力，根据用户的不同知识需求，学术出版机构会进行相应的知识输出。由于受到学术出版知识服务情景，用户反馈意愿以及知识服务保障机制的影响，学术出版机构的知识输出量只能被用户部分吸收。但是，在用户获取和学习知识的意愿影响下，用户会不断提升自身创新能力和知识存量。

6.2.2 学术出版知识服务系统模型构建

(1) 模型假设与系统流图

本模型考察学术出版知识服务中知识流动的行为，以及影响知识流动行为的要素集合。边界以外均为系统运行的外部环境。在边界确定的基础上提出以下假设。

假设1：学术出版的知识整合与处理能力强于用户，两者之间存在一定的知识势差，知识服务流程以学术服务为导向，围绕用户的知识需求展开。

假设2：学术出版知识服务周期为12个月。

假设3：在知识服务过程中，知识流由学术出版向用户单向转移。

假设4：在知识服务初期，学术出版机构的知识位势和知识技能在服务过程中动态提高,提高到一定程度时,知识存量对知识技能的影响会减弱。

本研究在因果关系图的基础上,建立学术出版知识服务的系统动力学模型(见图6-2),各模型变量及关系式见表6-1。

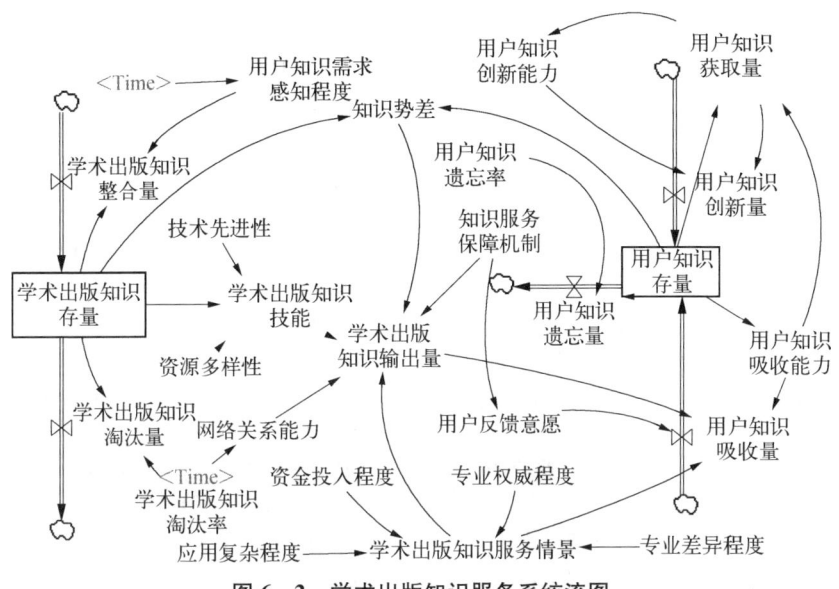

图6-2 学术出版知识服务系统流图

(2)模型变量及关系式

表6-1 模型变量及关系式

变量类型	变量符号	变量名称	关 系 式
状态变量	L1	学术出版知识存量	INTEG(R1−R2,400)
	L2	用户知识存量	INTEG(R5+R4−R3,100)
流率变量	R1	学术出版知识整合量	STEP(L1 * A1,1)
	R2	学术出版知识淘汰量	STEP(L1 * C1,4)
	R3	用户知识遗忘量	STEP(L2 * C9,3)
	R4	用户知识创新量	DELAY1I(A7 * A6,1,0)
	R5	用户知识吸收量	SMOOTHI(A9 * A3 * A2 * A8,1,0)

续　表

变量类型	变量符号	变量名称	关　系　式
辅助变量	A1	用户知识需求感知程度	WITH LOOKUP (Time, ([(0,0)-(12,0.4)],(0,0.1),(5,0.15),(10,0.4)))
	A2	学术出版知识服务情景	IF THEN ELSE(C5 * C6>C7 * C8, C5 * C6-C7 * C8,0)
	A3	学术出版知识输出量	SMOOTHI(A4 * A5 * C4 * A2 * A10,1,0)
	A4	学术出版知识技能	DELAY1I(2/3.14 * arctan(1/400 * C2 * C3 * L1),0.5,0)
	A5	知识势差	L1 - L2
	A6	用户知识获取量	STEP(A8 * L2,0.5)
	A7	用户知识创新能力	STEP(0.1 * 2/3.14 * arctan(1/100 * A6)+0.1,0)
	A8	用户知识吸收能力	DELAY1I(2/3.14 * arctan(1/100 * L2)+0.2,1,0)
	A9	用户反馈意愿	0.6 * C4
	A10	网络关系能力	WITH LOOKUP (TIME, ([(0,0)-(12,1)],(0,0.2),(5,0.5),(10,0.7)))
常量	C1	学术出版知识淘汰率	0.001
	C2	资源多样性	0.6
	C3	技术先进性	0.3
	C4	知识服务保障机制	0.8
	C5	专业权威程度	0.7
	C6	资金投入程度	0.7
	C7	应用复杂程度	0.1
	C8	专业差异程度	0.1
	C9	用户知识遗忘率	0.02

（3）方程设计说明

说明1：由于技术先进性、资源多样性和学术出版知识位势初期对于学术出版知识技能的提升在一定程度上具有较明显的乘积效应,但随着服务周期的延长,后期作用减弱,因此学术出版知识技能 A4 用 arctan 函数来表示,并利用学术出版知识位势初始值进行标准化。

说明 2:用表函数表达用户需求感知程度 A1 与学术出版知识位势之间的关系,因为随着知识服务程度的深入,学术出版机构对用户知识需求的感知程度会变得更明显,本研究将仿真时间设定在 12 个单位时间内,用户的需求感知程度按线性提高。

说明 3:由于学术出版需要结合用户的兴趣偏好对输出的知识进行选择和过滤,因此,使用一阶信息延迟函数反映学术出版知识输出量 A3。在此过程初期,学术出版机构对用户的知识需求把控程度较低,因此设定知识输出量初始值为 0,延迟期为 1 个时间单位。

说明 4:用户结合自身专业背景理解、选择并接收学术出版机构输出的知识,本身存在一定的延迟现象。本模型使用延迟函数表示用户知识吸收能力 A8,设定初始值为 0,延迟期为 1 个时间单位。

说明 5:知识创新是一个循序渐进、螺旋上升的过程,因此使用一阶延迟函数来表示用户知识创新量 R4,设定初始值为 0,延迟期为 1 个时间单位。

说明 6:使用选择函数表示学术出版知识服务情境 A2。专业权威程度、资金投入程度与知识服务之间是正相关关系,而应用复杂程度、专业差异程度与知识服务之间呈负相关关系,四个因素的总影响取决于两两因素相乘的比较。

说明 7:用表函数表示学术出版机构网络关系能力水平 A10,以此表达学术出版知识输出量与网络关系能力水平之间的关系。设定两个端点值:在 $t=0$ 个月时,网络关系能力水平因子取 0.4;在 $t=12$ 个月时,网络关系能力水平因子取 0.9。

6.2.3 学术出版知识服务系统模型仿真分析

6.2.3.1 模型有效性检验

本文使用 Vensim 软件对学术出版知识存量、知识输出量、用户知识存量、知识吸收量、知识获取量、知识创新量进行仿真模拟,将模拟结果进行对比验证,利用理论检验的方法对模型的有效性进行判断。

在学术出版知识服务实践中,学术出版机构拥有较完备的知识资本,相对丰富的服务经验及熟练的知识处理技能。在服务初期,一方面,用户可能会出于专业权威、信任、安全等因素的顾虑,不愿意完全表明自身知识服务需求信息;另一方面,学术出版机构对于用户的了解程度有限,对用户知识需求程度把握有限,使得前期各项服务推送工作进展缓慢。但是随着双方接触程度的加深,学术出版机构能在较全面了解用户知识结构的前提下,以全局性和前瞻性的视角来应对用户的知识需求,在不断增强自身知识存量的同时,围绕用户知识需求的知识输出量也会迅速增长,从而推动了用户知识吸收量的增加,用户知识结构的优化,用户在此驱动力的影响下会增加对外界的知识获取量,积累到一定程度,量变产生质变,进而激发了用户的知识创造力,图 6-3 到图 6-8 显示了整个仿真过程中变量的变化情况。

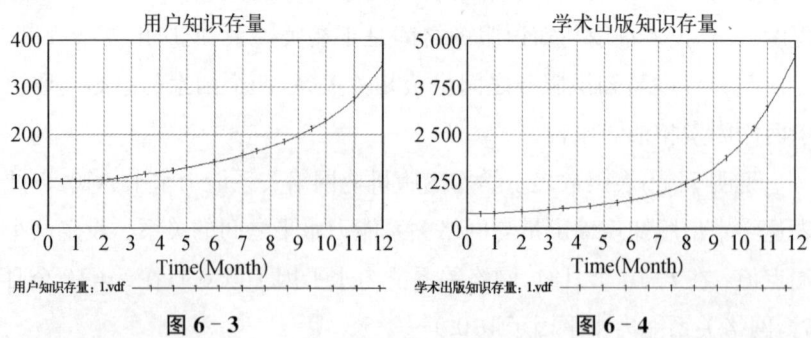

图 6-3　　　　　　　　　图 6-4

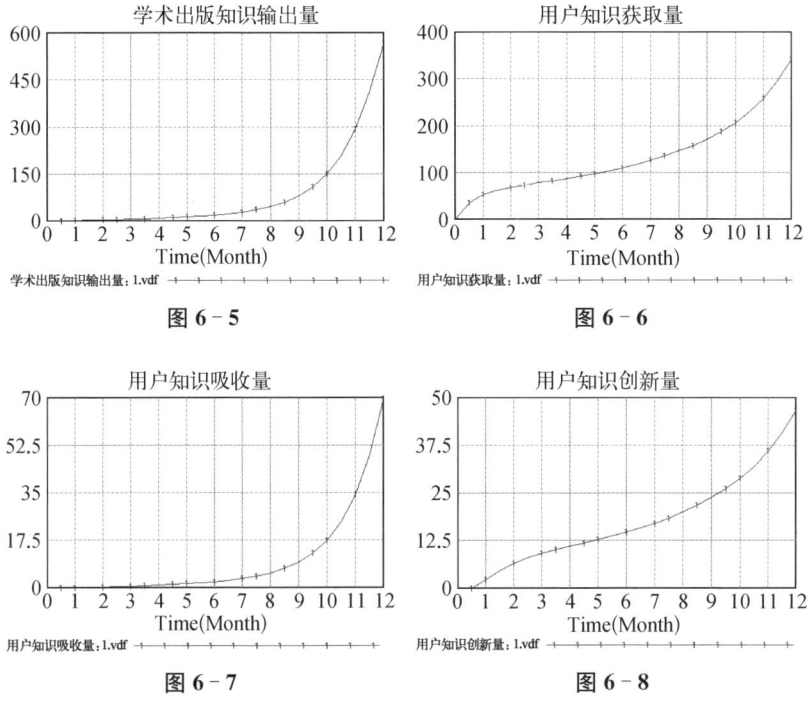

图 6-5　　　　　　　　　　图 6-6

图 6-7　　　　　　　　　　图 6-8

6.2.3.2　模型仿真模拟分析

（1）提升学术出版机构的知识技能。知识技能的高低直接决定了知识输出量及其推送表达形式，是学术出版知识服务能力强弱的重要表现。学术出版知识技能的高低不仅取决于自身知识位势，还受到技术和资源双重因素影响。本研究通过改变技术先进性的参数值，来观察学术出版知识输出量、用户知识吸收量和知识创新量的变化规律，分别设置为 0.7（曲线 1）、0.5（曲线 2）和 0.3（曲线 3）。

在系统其他条件不变的情况下，提高技术先进性的参数值，学术出版知识输出量、用户知识吸收量及知识创新量均有不同程度提升。由此可见，围绕用户的个性化知识需求，学术出版机构应当加强先进技术能力的运用，全方位多角度将深层次的专业学科知

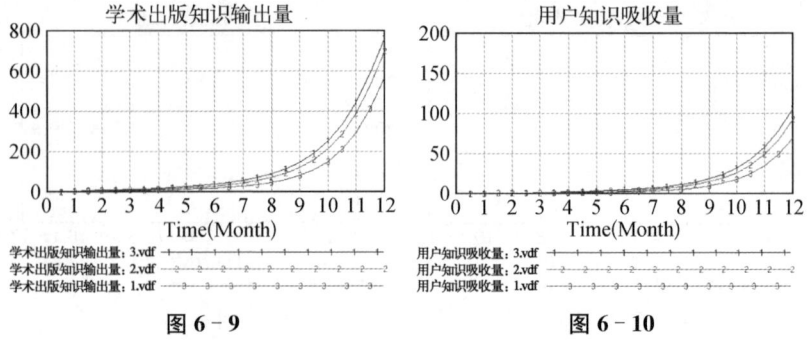

图 6-9　　　　　　　　　图 6-10

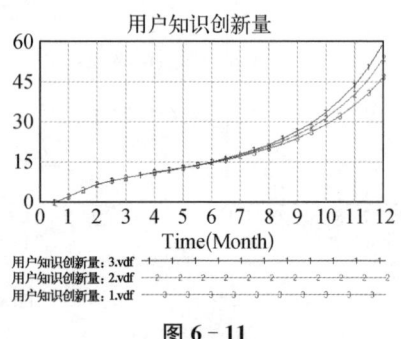

图 6-11

识直观地表现出来，这样做不仅提升了学术出版自身的知识技能，同时对双方的知识产出、知识吸收、知识创新效果也是明显的。因此，在学术出版知识服务实践中，一方面，学术出版机构可以深入到专业用户的工作场所了解、调研专业用户的知识需求，有针对性地收集和积累相关资源，规划和学习支持用户知识需求实现的先进技术，快速提升知识技能；另一方面，学术出版机构应提高社交应用能力，随时与用户展开沟通反馈，实时提供个性化服务。如针对数据密集型科学研究，学术出版机构可以进行跨单位跨学科合作。又如，学术出版机构可着重应用大数据技术、可视化技术、情景感知技术等，提高对不同层次不同类型知识的分析挖掘能力，以满足不同教育层次用户的持续性知识需求。

(2) 建立和健全知识服务过程的保障机制。数字时代,用户更加注重自身权益的保障,本研究将知识服务保障机制参数值分别设置为 0.8(曲线 3)、0.9(曲线 1)和 0.7(曲线 2),可以发现当保障机制更加完善时,学术出版的知识输出量,用户知识吸收量和创新量都有明显的提升。原因在于,加强各方面保障可以减少学术出版机构的多方面顾虑,提升其服务意愿,加速知识流运转,提高知识输出量。同时,用户在完善的保障机制下,自我保护的防卫体系也会放松,更愿意表达及反馈,双方的有效沟通会进一步促进学术出版机构将隐性知识显性化,增强用户对知识的理解和吸收能力,进而提升用户的知识掌握程度,促进知识创新。在知识服务实践中,保障机制的建立及完善可以从以下三方面着手:① 安全保障机制。实时跟踪用户行为、动态挖掘用户隐性知识需求必然会涉及用户隐私问题,学术出版机构应建立围绕用户研究情景信息、研究项目创新过程以及知识需求个性特质为主线的安全保障机制。安全保障机制不光是保护用户隐私,更要注重保护资源的版权,知识服务业的发展离不开知识产权的保护,提升技术手段,加强人们的法律素养是非常有必要的;② 协同合作机制。学术出版机构对用户的知识需求感知可能因为环境或技术因素,导致知识推送存在一定偏差,降低了知识服务的效率和质量,此时可以建立围绕用户知识需求的个性特征、特殊知识任务弹性变化以及对策方案解决为主线的协同合作机制;③ 网络能力提升机制。"网络能力"的概念 1987 年由 Hakansson 提出,结合学术出版机构的特点,本研究认为学术出版机构的网络能力就是指学术出版机构基于内部结构,通过识别机会,协调关系,开发、维持与利用各层次网络关系以获取稀缺出版资源和引导外部知识网络升级的动态能力。

(3) 营造互信共赢的知识服务情景。本研究以专业差异和应用复杂程度为例,将专业差异和应用复杂程度参数值分别设置为 0.1、0.1(曲线 3)、0.3、0.3(曲线 2)、0.5、0.5(曲线 1),观察其对应的因变量变

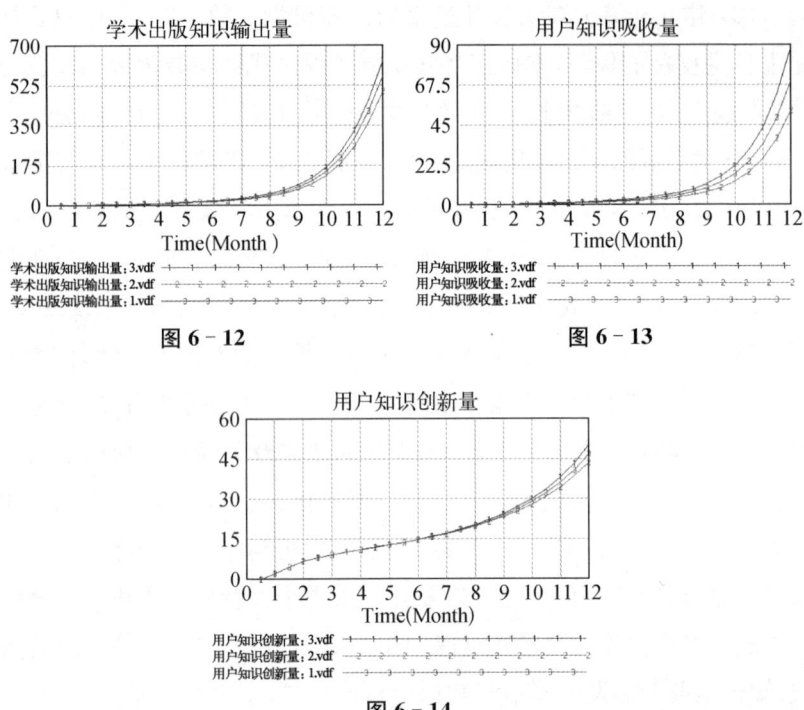

图 6-12

图 6-13

图 6-14

化。不难发现,减少双方的专业差异和平台应用的复杂程度,对双方知识量的增长都具有正向作用。原因在于:协同互助、信任互惠的知识服务情景有利于知识的充分表达和有效转移,也有利于服务效果的提升;减少双方的专业差异,实质上是缩小了双方的知识差距,使得学术出版机构更容易感知用户的知识需求,更精准地提供知识服务。

在实践中,学术出版机构可以通过跟踪用户与系统的交互行为,进行状态分析、日志挖掘、趋势预测,据此构建用户群体知识需求,减少与用户的专业差异,缩小知识差距。也可以嵌入用户的研究团队中,依据其研究任务、研究方向、兴趣偏好等因素,充分调动科研用户的参与积极性,提高用户协同合作度,进而营造互信共赢的服务情景。

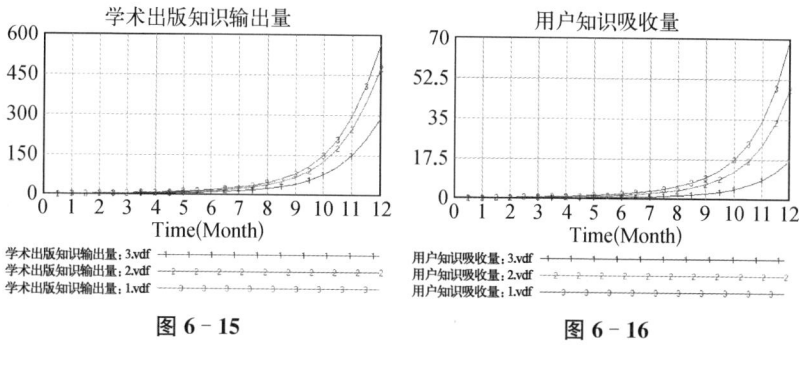

图 6-15　　　　　　　　　图 6-16

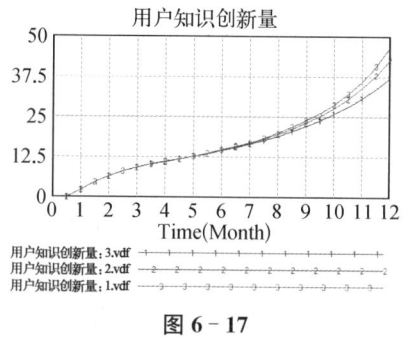

图 6-17

在学术出版知识服务过程中,用户的知识位势和知识创新量都呈较快上升趋势,学术出版机构的知识技能以及用户的学习能力对知识服务的效果造成了直接影响。完善知识服务保障机制、营造嵌入式知识服务情景有助于个性化和专业化的学术出版知识服务形成。学术出版机构可以加强同科研院所、图书情报机构之间的数据库共享与联合,扩展资源储备,定期开展专业研讨会、跨学科培训班,提升综合知识技能,推动专业知识和稀缺知识的产出量;同时,增强自身学术出版知识服务系统的交互性、权威性和可应用性,营造和谐的沉浸式体验氛围,鼓励用户通过使用系统提升自主学习能力,帮助用户进行全过程的知识管理,有效提升用户的知识吸收、应用及创新能力。

6.3　学术出版知识服务增值分析

在知识和资本全球化流动加速的今天,学术出版机构已经不可能仅凭一己之力获取企业运营和创新所需的全部知识,"开放式创新"发展成为业界共识。在此背景下,越来越多的学术出版机构尝试与大学、科研院所、运营商、客户甚至竞争对手之间合作共建复杂知识网络体系,实现知识在不同组织成员之间的发现、聚集、转移、释放、共享与创新。

Beckmann 在 1995 年提出了知识网络的概念,他认为知识网络就是进行科学知识生产和传播的机构和活动。[①] 本研究将知识网络进一步解构,认为知识网络由多条知识链构成,知识资源在知识网络节点间的移转形成了知识链。学术出版要推进知识服务,必须要强化知识网络、知识链的构造,通过知识活动整合内容资源,加速知识资源在知识链组织之间流动,促进知识互补和融合,形成知识链知识优势,提高知识链的竞争力和绩效。[②] 目前,学者对知识活动类型的划分并没有形成统一标准,本研究从知识链角度将学术出版的知识活动分为以下五类:知识获取(掌握、捕获、吸收、学习)、知识内化(结构化处理、存储)、知识流动(转移、扩散、交流、流通)、知识共享(分享、运用)和知识创新(转化、创造)。

学术出版机构作为典型的知识密集型企业,需要对知识进行有效的管理才能实现企业总体价值的增值。按照波特的价值链理论,将知

---

① BECKMANN M J. Economic models of knowledge networks[M]// BATTEN D, CASTI J. Networks in actions. Tokyo: Springer Verlag, 1995: 159 - 174.
② 程强,顾新.知识链管理研究进展与评述:基于知识活动的视角[J].情报理论与实践,2014(5): 124 - 129.

识流和学术出版机构业务流程相结合,构造学术出版知识价值链将有利于识别增值的知识服务领域,提高核心竞争能力。梳理知识价值链的相关研究成果,可以发现知识价值链并不是价值链和知识链的简单叠加,而是两者的有机融合,是价值活动的有序化,更是知识流转增值的有序化。

6.3.1 学术出版知识价值链结构

信息技术时代,丰富的知识来源,便利的获取途径,低廉的获取成本以及安全的存储共享方式,都为学术出版的知识服务提供了极大地便利,但要想通过知识增值来提高核心竞争力,必须要实现知识链和价值链的融合管理,具体结构如图6-18所示。

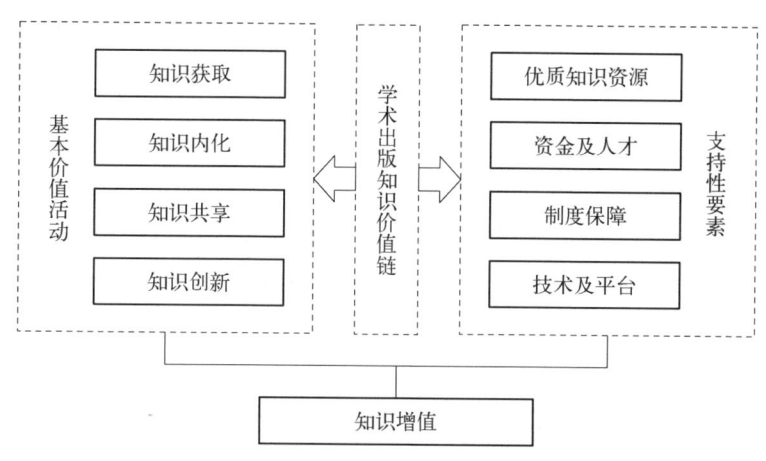

图6-18 学术出版知识价值链

学术出版的知识增值过程实质上由知识基本价值活动和支持性要素构成,以知识基本价值活动为中心,以市场、人才和用户需求为导向,以信息技术环境提供的存储资源和虚拟化服务器、开发环境和部署平台以及所需的软件服务为基础,共同促进知识增值。整个知识基本价值活动分为四个阶段：在知识获取阶段，学术出版机构根据市场信息、自身技术现状、用户需求导向及编辑的知识能力来确定知识的需求类型；在知识内化阶段，学术出版机构将获取的知识资源通过大数据技术进一步加工、结构化处理，为定制化知识服务做准备；在知识共享阶段，整个运转过程受制于学术出版机构的自身情况、用户的自身情况及转移知识的性质等多重因素的作用；在知识创新阶段，学术出版机构置身于动态的知识融合更新环境下，有利于不同学科知识的碰撞融合，形成创新文化。学术出版整个基本价值活动就是对知识资源的汇集、提炼、开发直至创新，实现知识元的序化，便于用户认知，促使知识转移，实现知识增值。而知识转移能否运转流畅，转移的知识能否为用户带来效益，与知识转移的参与要素有很大关系，这些要素包括：转移的知识性质、学术出版机构的企业结构和企业文化、用户特征、转移环境（资源和技术）等。在影响知识转移的诸因素中，有以下几个重要的价值链因素：

（1）知识的性质

Polanyi根据知识的构成最早提出了隐性知识和显性知识的区分。[①] 按照Polanyi的理解：显性知识是能够被人类以一定符码系统加以完整表述的知识，它可直接存储在物理介质上，并可利用现代信息技术显著提高转移效率；隐性知识指难以言述的知识，是个人经验和能力的综合体现，往往很难用编码化和形式化的语言表述，目前将隐性知识转换为显性知识的一种有效方式是SECI模型。

（2）用户的学习能力

用户的学习能力对于学术出版知识转移的影响是非常关键的。所谓学习能力主要和用户的已有知识、学习强度、学习方法与学习机制四

---

① POLANYI M. The tacit dimension[M]. London: Routledge and Kegan Paul, 1966.

个方面有关。已有知识,就是用户本身的知识基础,它是知识转移最大原动力。用户的知识基础以及与转移知识的关联度均会直接影响用户的知识吸收能力,基础越扎实,关联度越高,则吸收能力就越强。学习强度,是指学习时意志、精神等凝聚的程度,可以用在确定的时间内完成学习任务的多少来衡量,学习强度越大,单位时间内掌握的知识越多。除有足够的学习强度外,更需要有效的方法。学习方法越有效,用户越能在短时间内吸收更多的知识。学习机制,是指与学习相关的文化、价值观和沟通渠道。良好的学习机制有助于知识共享、知识创新、用户中心等文化的形成,有助于隐性知识外化的积极性和用户吸收知识的主动性的提高。

(3) 知识的交流方式

信息技术的日新月异,使得知识交流方式得以突破时空限制,既可以在现实生活中选择固定场所固定时间进行交流,也可以借助个人移动通信工具展开实时交流,还可以通过网络实现多媒体交流(例如:即时通信软件、电子邮件、论坛、博客等)。用户在学术出版机构搭建的知识平台上相互借鉴学习经验,循环交流,共同推动知识价值增值。

(4) 知识转移的实现技术

信息技术影响着每一环节的知识转移效率,这就要求学术出版机构不仅要重视硬件设施建设,还要注重培养信息技术的软实力,在服务人员的信息素养提升上下功夫。同时,知识转移效率与学术出版知识获取利用效率也是密切相关的。

(5) 业务流程重组

业务流程重组的目标是提高学术出版知识服务效率,促进学术出版知识服务增值,在强调整体化建设的基础上,加速知识资源在知识价值链上形成畅通无阻的知识流,让每一个知识服务人员在获取与业务有关的显性知识的同时,有效地将自身隐性知识进行外化,更加便利地与用户展开交流,满足用户的知识需求。

6.3.2 信息技术推动学术出版知识增值

(1) 信息技术降低了学术出版软硬件资源的获取成本、加工成本以及运营成本等,优化了学术出版的知识服务价值链。学术出版能够更快地适应市场变化,更广泛地搜集知识资源进行整合与创新,提高学术出版产品的市场占有率,完善学术出版知识服务价值链,带来知识增值利润的提升。

(2) 信息技术加速了知识成果共享创新的推动作用。在多媒体融合的时代,学术出版机构想要大而全地去开展数字化知识服务并不合理也不有效。让专业的人做专业的事,发挥各方主体协同创新的积极性,不仅可以控制成本支出,还可以有效提升知识服务的产业化升级,推动知识价值的全面增值。

(3) 信息技术环境对于学术出版知识服务价值链产生的明显作用效果是需要经过一定时间沉淀的,在信息技术支持作用加强的一段时间内,学术出版机构知识服务的增值利润变化并不大。当学术出版知识服务价值链经历一段时间的运行后,知识服务的增值利润开始呈现增长态势,且速度越来越快。因此,学术出版若想要借助现代化的信息技术优化知识服务价值链,获取制作成本优势,提高知识服务增值利润,需要及早布局数字化转型,提升用户流量,提高用户黏性,培养用户知识付费习惯。这两年涌现的内容付费、内容创业无不印证了这样一个观点。

(4) 大数据环境下,知识生产和传播的门槛降低,造成了内容品质的参差不齐,凸显了专业化,多元化知识壁垒塑造的紧迫性。在信息泛滥的时代,学术出版知识服务的发展离不开优质内容资源的搜集,离不开高质量 IP 的培养与挖掘。将优质的作者资源、内容资源内化为自身的知识服务品牌,根据用户的知识需求整合内容资源,确定表现形式、转移渠道,向专业纵深方向做好知识共享,才能吸引用户付费获取,从而推动知识服务的价值增值。

6.4 本章小结

在学术出版数字化转型的过程中,知识服务形态所具备的系统性、非线性及动态性特征愈发明显,因此,本章应用系统动力学方法研究学术出版嵌入式知识服务形态,在分析知识服务过程中的因果关系和行为演化特性的基础上构建系统动力学模型,并对模型进行仿真验证,为在大数据环境下的学术出版知识服务机制完善提出有价值的建议。学术出版机构应加强应用大数据技术、可视化技术、情景感知技术等,提高对不同层次不同类型知识的分析挖掘能力,以及根据不同教育层次用户的持续性知识需求,全进程地把控与呈现能力。同时提高和完善用户隐私安全保障机制、协同合作保障机制和资源获取保障机制,营造和建立互信共赢的知识服务情景,推动稀缺知识的产出量,提升用户的自主学习能力。

建立信息技术环境下的学术出版知识服务价值链模型,具有一定的理论创新;在实践上,提出学术出版机构应根据自身情况以及自身发展要求适时进入大数据环境,以优化自身知识价值链的动态行为,并应更加注重知识搜集效率、知识共享效能的提升,进而取得市场竞争优势,最终获取更多利润。

第七章
学术出版知识服务实施路径研究

学术出版要实现数字化转型,向知识服务迈进,其方向一定是将知识产品和知识服务效能提升相结合,在良好体验的接触界面上,形成注意力资源的重新聚合,实现知识的有效传播。互联网技术已经不仅仅是学术出版推动知识服务的工具,而且是渗入产业变革中的根本性发展模式。

本章在前述理论分析和实证研究的基础上,将探讨学术出版知识服务的能力要求与具体实施路径,从实践层面提升学术出版知识服务效能。

7.1 学术出版知识服务能力分析

学术出版机构要建设开放、动态、复杂的知识服务体系,在目前条件下是面临一定困境的。全面、系统地解决学术出版机构面临的难题必须从应对知识服务的动态变化着手,构建基于开放创新范式下的新型知识服务能力。本章结合学术出版特点,认为学术出版知识服务能力是指学术出版机构基于用户的知识需求,通过识别机会,协调关系,开发、维持与利用各层次知识网络关系以获取稀缺的科研学术资源并将其转变成能够满足不同层次用户知识需求的动态能力。它是学术出版机构提升知识服务效能,实现知识服务价值的核心能力,也是学术出版机构保持竞争优势的核心能力。

学术出版知识服务能力建设应当从以下三个方面展开:学术出版知识服务基础能力、学术出版知识服务过程能力和学术出版知识服务关系能力。三者相互作用、相互支持,共同保障学术出版知识服务顺利实施。

7.1.1 学术出版知识服务能力特征

(1) 知识性

学术出版机构存在的社会价值在于加强知识交流、共享及创造,这也是学术出版机构建构外部知识网络的根本原因和目标。因此,学术出版知识服务能力的根本属性在于知识性,实质表现为学术出版机构的知识存量,这其中既包括可以明确表达的显性知识,如出版企业的出版流程、著译者手册、编辑手册、各类工作指南、经销商名录、销售折扣、版税规定、合作媒体名录等,也包括难以言传的隐性知识,如工作的诀窍、经验,大量的客户关系知识,还包括出版企业在长期发展过程中形成的独特竞争能力,如企业文化、品牌影响力、独特的流程、做事的方式等。学术出版机构拥有的知识存量越多,对知识服务网络、网络各主体之间的关系及其变化的认识与把握才能越深刻,也才能越有效地开发和运用知识网络来解决问题,并在此过程中不断学习、积累和创造更多知识。

(2) 动态性

动态性指知识服务能力会随着学术出版机构的成长而逐渐积累变化,以成功应对不断变化的外部环境。众所周知,学术出版是针对某一特定职业或高度细分的学科领域,以高度专业化的内容、信息,服务具有较高偏好水平的读者群体,其独特的文化功能、技术功能,以及特殊的社会和市场地位决定了其内容资源的稀缺性。为了获得优质的内容资源,学术出版机构必然会通过内部学习与各种外部活动不断更新和完善知识存量,以赢得最大的发展空间。这就导致了学术出版机构与其他主体之间关系或关系组合的内容、形式不断变化。这既是知识服务能力的提升机制,也是知识服务能力发挥作用的结果。

(3) 能动性

能动性是学术出版知识服务能力的外在表征,其不应仅是静态的知识,还应当体现学术出版机构的主动性,即学术出版机构凭借自身知识存量积极地识别外部知识网络价值,争夺稀缺资源,不断促进外部知识网络演化与自身的协调发展。学术出版机构知识服务能力的能动性必须以提升编辑的专业技术能力为支撑,能够主动将外部知识网络及其变化纳入战略规划与决策中,引导外部知识网络向符合学术出版机构最大利益的方向发展。

7.1.2 学术出版知识服务的基础能力

(1) 建立先进的知识服务技术环境

学术出版知识服务的技术环境包括相关的技术设备和技术运用环境。数字时代,各行各业都打上了信息技术的烙印,学术出版的知识服务发展离不开信息技术的运用。数据库技术、知识分析技术、数据挖掘技术等可以帮助学术出版机构挖掘、加工隐藏在文献和网络中的有用信息,实现知识增值。先进的信息技术和智能化的手段为学术出版机构快速、高效地识别、组织、转换知识提供技术支撑,保证了知识的安全传播,有助于发挥学术出版知识服务的能力。

(2) 形成良性的知识服务结构性环境

知识服务的结构性环境一般包括工作制度、标准、规范、流程和政策、管理和绩效评估、业务结构、职责分工等方面。知识服务结构性环境的好坏直接关系到知识服务效果的好坏，好的结构性环境可以避免本位主义，促进知识的共享与创新，为知识服务的展开提供保证，反之亦然。

（3）打造优质的知识服务文化环境

知识服务的文化环境是指推进知识服务的文化氛围，是一种价值体系。学术出版机构与各主体成员在组织惯例、创新观念、组织文化等方面的差异通常较大，因此有必要树立共同价值观，共享愿景和网络行为规范，以便凝聚共识和协调行动，为协同创新的目标而努力。

7.1.3 学术出版知识服务的过程能力

（1）知识识别能力

学术出版目标用户的知识需求不同、目的也存在差异，学术出版机构应对大量的知识资源和信息资源进行提炼与加工，形成具有增值价值的知识。人类社会在发展过程中创造了种类繁多的知识，在海量知识中精准定位到和用户知识需求相匹配的资源，就是知识识别能力的体现。在数字时代，知识识别能力变得异常重要。因此，学术出版知识服务的社会价值体现为，在海量的信息中识别有用的知识并将其进行合理化组织。

（2）知识获取能力

由于能力或专业限制，学术出版机构收集、保藏知识资源的数量和范围有限。所以，学术出版机构应建立相应知识网络合作机制，确保不但能够准确识别知识，还能够获取知识，保障知识在学术出版机构的内外部网络中顺畅流通，满足用户知识需求。

（3）知识组织能力

随着信息技术的普及，网络信息及文献信息呈迅速增长趋势，在这种情况下，学术出版的知识组织能力变得非常重要。学术出版知识组织能力体现在对知识进行分类整合处理过程的有效把控上，以及能够结合用户需求揭示知识本质及知识间的关系，帮助用户解决问题能力。

(4) 知识评估能力

学术出版知识评估能力是进行后续知识传播及保护的基础，是知识服务中重要的流程能力，包括知识的相关性、准确性、有效性、价值性、有用性、实效性等方面评价。在具体的执行中学术出版机构可以建立知识评估小组和评估指标体系，保证知识评估的顺利实施。

(5) 知识转换能力

数字时代，知识资源的表现和存储存在多模态特征，为了满足用户的知识需求、设备呈现需求和价值增值需求等，学术出版机构要在知识服务过程中及时对知识资源进行相应模态的转换或进行相应产品的实体化等（如把知识转化为新产品设计的能力），确保知识服务的针对性和高效性。

(6) 知识传播能力

知识传播能力影响着学术出版知识服务的可持续发展。学术出版知识服务终极目标在于推动整个社会的文化进步，而这离不开知识传播从空间广度和深度上地推进。学术出版机构既要考虑传播渠道的畅通和有效，也要考虑用户接受知识的能力，在此基础上将知识传递给用户，促进新知识和新应用的产生。

(7) 知识保护能力

知识对于学术出版机构来说是赖以生存的战略资源，需要善加保护。从具体操作层面上来说，首先应当建立一套完善的制度体系和能力体系，保证知识的完整性和系统性，同时检验、保证知识的可靠性，其次，应当积极运用新的版权保护技术，以在传播的过程中最大限度避免侵权风险的发生。

7.1.4 学术出版知识服务的关系能力

学术出版知识服务的关系能力就是指学术出版机构对知识网络成员之间关系进行管理的能力。在开放式创新知识网络内,学术出版机构处于核心位势,连接着各个网络成员,它对于知识网络的建构和维系发挥着决定性作用,因此,其必须承担更多的关系管理责任,通过有效沟通促进互信,推动知识创新目标的实现。

(1) 关系启动能力

主要是指学术出版机构在知识服务的过程中确定、评估和选择潜在的合作伙伴的能力。开放式创新环境下,外部知识源的类型众多与过度泛化促使学术出版机构必须要有准确识别网络成员的能力。学术出版机构可以通过对相关机构的科研规模、科研实力、研究专长以及前沿性把握上进行前期监控与追踪,同时对技术提供商的科研技术实力以及技术的先进性等进行识别与辨析。在此基础上,判断这些组织的专业方向和产品类型是否与本机构的发展阶段和文化背景等特征相匹配。匹配的话,就将其作为重要的合作伙伴拉入学术出版机构的外部知识网络中;不匹配的话,暂时将其放置在学术出版机构外部知识网络之外。

(2) 关系管理能力

主要是指学术出版机构在知识服务的过程中评估、锁定、管理和维护现有各种合作关系的能力。合作伙伴确定后,学术出版机构要战略规划整个知识服务网络的结构、和合作伙伴的位置关系,以确定知识结点与知识链,选择拥有非冗余知识资源的组织加入外部知识网络,形成配备不同知识位势的、由高校、科研机构、技术提供商、服务运营商、作者、用户等组成的开放性知识网络结构。在知识网络结构中知识流动可能是双向也可能是单向的,随着目标任务的变化以及彼此能力的改变,知识流动方向随时可能发生变化。学术出版机构应当注重结合其他知识服务能力,激发各合作伙伴向学术出版机构释放知识的积极性。

7.2 学术出版知识服务实施路径设计

学术出版知识服务效能的提升需要依托丰富的知识资源形成知识需求解决方案,知识资源的来源、质量都将直接影响到知识服务的质量。要保持知识服务的可持续性,需要将服务切入点从媒介层面转化为知识内容层面,把知识服务嵌入到用户的科研业务过程中。本部分从知识链的角度抓住学术出版知识服务的本质诉求,在总结前述用户接受学术出版知识服务的影响因素,知识服务保障机制对学术出版知识服务效能提升,以及信息化技术对学术出版知识服务价值增值的拉动作用等方面内容的基础上,设计学术出版知识服务平台及各功能模块,从根本上优化学术出版的知识服务实施路径。

7.2.1 知识链视角下的学术出版知识服务平台设计原则

(1) 突出开放创新、开放科学的理念

在"开放创新""开放科学"实践推动下,科研产出急剧上升,数据密集型科研模式不断成熟,国内外知名学术出版机构纷纷采取措施积极应对。2016 年,Elsevier 上线 Mendeley Data 开放式数据仓储平台,允许不同学科科研人员上传、发布和管理其科研数据;同年,Springer Nature 也宣布将旗下 1 300 多种期刊全部投入 SharedIt 开放平台,支持订阅用户自由分享。

开放的学术出版知识服务平台有利于发挥"公众科学"的积极意义,专业化的学术出版可以借助公众的集体智慧分发众包,有效降低科研获取成本,加快科研传播速度,促进科研交流与分享,提高科研透明度,本质上加快知识创新速率。同时,在开放存取、开放科学数据的模式下,学术出版资源可以得到极大丰富,动态的、有价值的数据资源将会聚集更多的用户,提高付费内容的知识消费,更好地平衡自由获取和产业良性发展之间的关系。

(2) 嵌入用户业务流程,强调服务的交互性

面对数字时代的海量数据,学术出版必须有效提高知识到达率,完善用户使用体验,全方位支持用户学术研究工作流程无疑将会是学术出版全新的增值领域。根据用户的性质不同可以分为个体研究者业务流程和机构研究者业务流程。学术出版嵌入个体研究过程中,应关注用户的研究设计、数据分析、研究成果的整理与传播。对于研究机构而言,学术出版应协助制定研究方案、获取科研资助、推动产教研衔接。面对不同学科工作流程的差异性,学术出版还应本着开放协作的精神,提供开源服务框架,支持用户自由使用研究工具,强化平台的兼容性和互操作性。

社交媒体的发达,使得知识的传播不再只是单行道,用户、作者、编辑、专家和出版社等多方主体间不断交流互动,有利于各方拓展思路,更新知识架构,实现知识共享,从本质上促使学术资源的价值最大化。

(3) 注重社会效益,强调可持续发展

学术出版既是学术信息集成和传播的载体,也是学术成果形成和转化的中枢,肩负着特殊的使命,这就要求学术出版知识服务的终极目标必须优先提高社会效益即有效扩大知识传播的范围,为用户和更大范围的公众提供更优质全面的知识服务,促进生产力发展和社会进步。

7.2.2 知识链视角下的学术出版知识服务平台总体设计结构

在知识经济时代,专业学科的界限不再泾渭分明,用户需要的

是跨学科跨领域的融会贯通,因此知识资源需要单个的知识库与多学科的知识库集合,建立强大的学科知识仓储底层数据,便捷地实现知识获取与知识导航。将相对独立的、分散的、显性的知识通过横向与纵向的知识交叉与重组等技术手段形成新的知识单元,依托知识挖掘实现知识重组与知识分析。技术可以轻松地实现资源的筛选分拣、重组整合,但是知识服务人员的素质同样重要。从知识关联到知识咨询,知识服务人员的知识以及行业专家的专业知识,可以加快实现隐性知识的交流与转移,分析重大现实问题,帮助形成最终决策方案等。

在此基础上,本研究设计知识链视角下的学术出版知识服务平台,具体包含:依托知识仓储链的学术出版知识获取与整理等服务、依托知识挖掘链的学术出版知识重组与分析等服务、依托知识决策链的学术出版知识关联与咨询等服务。(如图7-1所示)

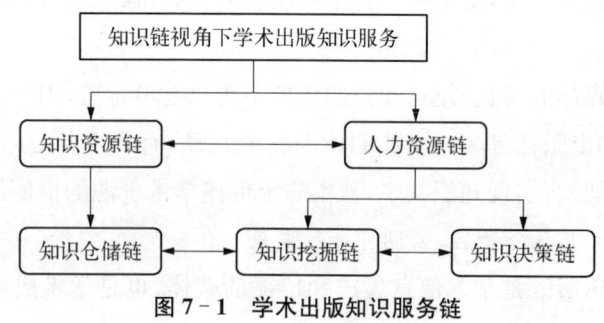

图7-1 学术出版知识服务链

学术出版知识服务的过程是获取、整合与传递知识的过程,既包括人与人之间隐性知识的传递,也包括人机之间显性知识的传递。学术出版知识服务平台是为专业用户的科研决策、技术跟踪、市场导向等方面提供知识服务,为组织开展知识服务提供方法支持与环境保障。基于此,知识链视角下的学术出版知识服务平台体系设计架构如图7-2所示。

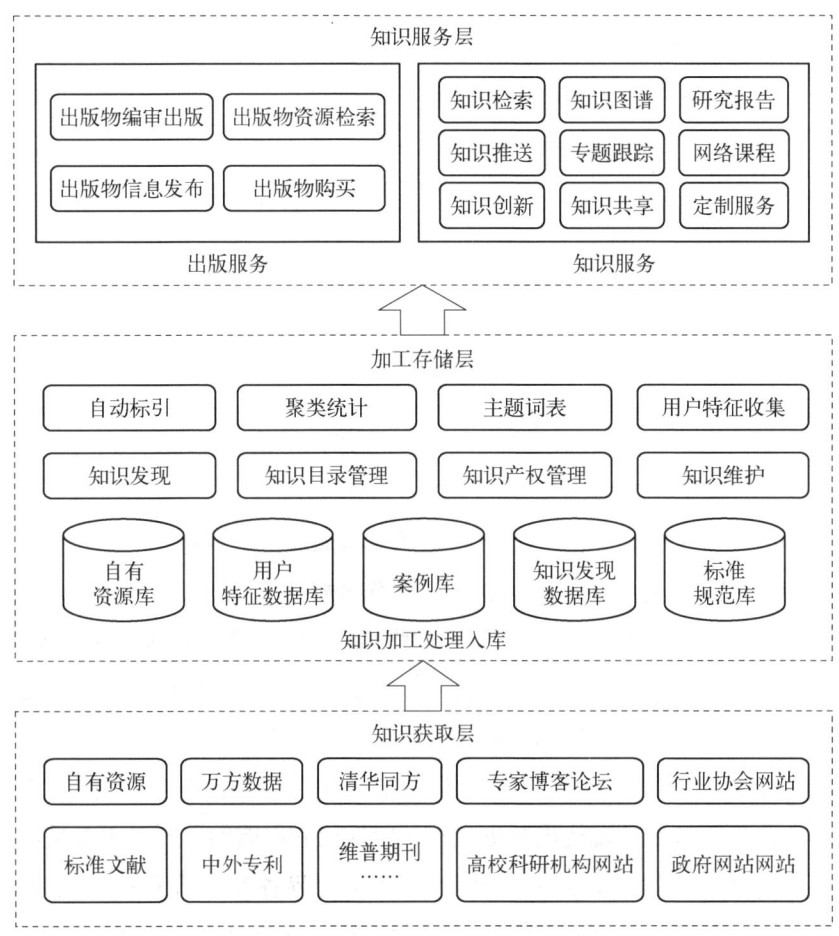

图 7-2 学术出版知识服务平台架构

7.3 学术出版知识服务平台知识获取模块

知识获取是学术出版机构开展知识服务的前提。知识可以通过数据抓取、搜索引擎、人工采集等技术获取,也可通过资源置换、资源购置等手段或方式获取。学术出版机构从内部、外部的各种数据、信息、知识源中收集资源,才能有针对性地为用户提供知识服务。知识源的选取应当注重专业的权威性和版权的合理性。

一般来讲,不同类型的知识服务对象,所需的知识类别和来源会有较大差异。如商业性服务公司主要关注专业服务领域知识、专家经验和成功案例等;制造型企业主要关注最新的产品、技术及服务发展、行业经验案例、标准规范、专利检索、政策导向等知识信息;高校及相关科研机构主要关注专业领域的最新研究动态,分析评价,知识转化应用等方面的相关知识信息等。

如何完善知识获取功能,丰富优质学术出版内容资源,具体的实现路径可以从以下两方面展开。

(1) 积极开发作者资源,完善自有库建设

1) 融入专业协会、学会,挖掘优质作者资源

学术出版由于涉及面窄、专业性强、渠道单一,作者资源尤显稀缺,如何开发和维护优质作者资源成为各大学术出版社竞争的重要战略之一。学术出版编辑可以利用各种专业学会、行业协会的平台,提高结识本专业作者的机会,扩大作者队伍,丰富作者资源,相对全面地融入本专业研究领域中。现代出版史上有一定地位和影响的开明书店就是以立达学会和文学研究会为基础,汇集了文化界各方面的名人,像朱自清、叶圣陶、巴金、冰心、陈望道、沈雁冰、朱光潜等,并出版了他们的很多作品,取得了非常好的效益。[①]

同时,各类行业协会、专业学会举办的全国性乃至国际性学术会议,大多汇聚专业学科领域的知名专家、学者,不乏该学科领域的最新研究成果。编辑人员积极参会,不仅有助于拓宽专业视野,了解学科发展最新动态;更重要的是,可以与专家学者面对面地交流探讨,从中挖

---

① 彭淑凡.专业图书作者资源的开发与维护[J].科技与出版,2011(9):40-42.

掘发展适合本专业学科领域的高品质作者资源。学术出版编辑参加高水平的国际会议,在把握国际最高学术研究动态的同时,可以有效地开发海外优质作者资源。

2) 利用网络资源捕捉行业领跑者

知网、万方等国内大型数据库信息网站收录了国内数千种重要期刊,涵盖各个学科门类,提供的学术信息资源数量多、更新快,有助于学术出版编辑人员了解科研动态,寻找有价值的学术信息,挖掘作者资源。国外学术出版机构数据库专业化程度较高,从中可以清晰地分析出该专业领域的发展轨迹、重要研究机构、研究视角、高产作者等重要信息,便于专业用户检索和使用,也是重要的作者资源库。施普林格2013年完成的电子书回溯数据库(Springer Book Archive,简称SBA),囊括了1842年以来出版的12万种科学、技术和医学(STM)类电子图书。[①]

3) 与高校、科研机构合作开发一线作者

一些学术出版社选择与知名度高、权威性强的高校及科研文化机构形成长期合作联盟开发优质内容资源。合作开发的模式也为学术出版机构提供了优质的作者资源。例如:湖南科学技术出版社与中国科学院下设各研究所联合开发出版科普读物;华中科技大学依托本校的优势专业机械工程,推出的机电一体化本专科系列教材;[②]谷歌学术与斯坦福大学高线(High Wire)出版社联合推出基于谷歌学术订阅链接程序的校园订阅激活入口(CASA),可以记住每个通过校园网访问谷歌的研究人员身份,确保研究人员通过外网可以无障碍地访问学校订阅的文献数据库,谷歌学术也通过这样的途径直接接触到相关领域的研究者和研究主题。

---

① 渠竞帆.施普林格多措践行出版创新[N].中国出版传媒商报,2013-09-01.
② 周小方.实施战略联盟是当前中小型出版社发展的一种现实选择[J].编辑之友,2004(3):25—28.

学术出版对社会文化起着积累和引导的作用,其核心品质取决于学术价值的高低。在选题挖掘上,学术出版机构可以从这样几个方面着手:注重与国家自然科学基金、国家哲学社会科学基金等国家重大课题立项管理机构建立合作关系,利用专业出版社的品牌出版本专业范围内的课题研究成果;与专业科研院所和一流高等院校的相关专业建立长期合作关系,共同把研究成果予以出版,达到"双赢";还可设立学术基金,直接对有潜力的青年学者进行科研项目资助,这既可和青年学者建立亲密、长期的合作关系,又可直接获取优秀学术研究成果的出版权。例如,英国 Emeraid 出版社针对 11 个主题领域设立了各种学术基金,有优秀博士论文奖(1 500 欧元)、图书馆与信息科学研究基金奖(2 000 英镑)和管理学研究基金奖(3 000 英镑)等,收到了很好的效果。[1]

4) 市场化招募培育优秀作者

专业性较强的学术图书,作者的选择面非常有限,学术出版机构可以有针对性地锁定研究机构,再进一步寻找作者资源。部分选题不易定向寻找的作者,也可通过网络发布选题信息、招募作者。另外,学术图书市场是可以通过指标量化的,学术出版机构可以掌握自身一手销售数据,还可通过市场化图书销售数据跟踪公司(如北京开卷)了解同类图书销售状况,锁定考察作者范围。学术作者对学术出版机构在专业领域的权威性有其自身的判断,学术出版机构应不断增强比较竞争优势,以实力吸引优质作者。资金、效率、学术影响力、专业化程度都可构成优秀作者选择合作出版机构的衡量标准。引进国外优质作品时,版权代理公司大都需要出版社提供经营状况、销售业绩等资质信息,综合考量出版社的影响力、品牌号召力,版税的高低和能否授权之间并不

---

[1] 卢虎.英国 Emerald 出版社的学术期刊出版模式[J].中国科技期刊研究,2010,21(4):555-558.

能简单地画等号。

作者资源的开发不是一劳永逸的,需要学术出版机构的悉心维护,因此,应重视建立已有作者资源库,收录作者的姓名、职业、专业背景、研究方向、已发表作品的市场表现等信息,并进行动态更新和维护。

(2) 强化知识服务人员综合素质,提高人工采集准确率

知识服务人员所体现的职业素质和职业道德在开发和维护作者资源中起着关键作用,学术出版机构必须重视知识服务人员品牌建设,注重发挥联动效应。出精品、创品牌是学术出版机构专业权威性树立的必然选择。这些优质内容资源所产生的示范作用辐射影响容易形成品牌效应,引领不同层次学术产品的出版,吸引优质的作者资源。高素质的作者资源与高水平的知识服务人员队伍是相辅相成的,深厚的学识底蕴,前沿的专业视角,专业的素质能力,是双方展开对话的基础。学术出版知识服务人员应当具备的综合素养,具体包括以下几方面。

1) 知识发现能力

学术出版本质上表现为新知识、新信息的循环流动和增值。[①] 知识发现能力,就是指学术出版知识服务人员应当具备善于识别学术成果中包含的新知识、新信息的能力。具备较高知识发现能力的知识服务人员一定是具备足够专业知识储备的"内行",才能慧眼识珠,才能与作者展开有效地沟通交流。新兴学科、交叉学科、边缘学科不断涌现,学科间的融合性越来越明显,对于知识服务人员的知识结构及知识发现能力提出了更高要求。因此,学术出版知识服务人员必须不断学习,及时更新知识储备,做到专业知识横纵融合,才能站在专业发展前沿、掌握专业发展轨迹、把控专业研究热点,实现知识服务的科学性、系统性和前瞻性。

---

① 王秋林.学术出版技术创新及能力培育探讨[J].编辑学刊,2011(3):12-16.

2）信息处理能力

新知识、新理论、新概念层出不穷,传播速度日新月异,知识服务人员如果不具备一定的获取、评价和应用信息的能力,将无法及时了解国内外各学科学术研究的全局及发展趋势,也无法保障知识服务的科学性、先进性和时效性。信息处理能力是一种综合能力,需要知识服务人员对专业信息具备足够的敏感性,能够高效捕捉,准确评估,自如交流,创造性地应用。

3）沟通能力

优秀的学术出版知识服务人员既是学术成果的欣赏者,也是批判者。他们能与作者良好互动,共同进步。钱锺书曾对周振甫在编辑《谈艺录》一书中的专业态度和深厚学养感佩不已:"此书蒙振甫道兄雠助,得免大舛错,拜赐多矣。"多年后《管锥编》要出版,钱锺书第一个想到的就是周振甫。学术交流不分国界,英语是国际化学术出版的通用语言,引进国外先进的版权资源和作者资源,一定的英语应用能力是必不可少的。

4）编辑加工能力

编辑加工能力是一项基本功。书稿的选题设定内容架构体现的是编辑的学识素养,但是书稿的形式,字、词、标点、语言表达体现的却是编辑的基础功力。编辑是优秀学术成果的呈现者,版式设计、封面装帧无不诠释着编辑的专业技能,代表着学术出版的专业品质。

（3）多渠道获取优质内容,加强学术资源建设

学术资源建设有赖于多渠道获取优质内容,实践中可以从以下几方面拓展:1)订购资源。学术出版机构可以根据资源建设需要有针对性地采购国内外权威专业电子资源。2)开放获取资源。在开放科学的大背景下,国际层面上开放存取的专业学术资源不断扩容,如成立于2009年的开放获取知识库联盟(COAR),国家科技图书文献中心(NSTL)的开放获取资源集成检索系统,以及其购买的回溯资源,还有

中国高校机构知识库联盟的开放仓储目录系统 Open‐DOAR 集成的知识库等。3）网络免费资源。政府机关、学会、协会等网站发布的各种调查统计数据、专利信息、政策法规等资料。4）积极参与机构库、数据库建设。布达佩斯开放存取计划包括自存档（机构库、学科库）和开放存取期刊两种形式。机构库的作用在于组织和保存学术出版机构中的学术资源，并向学术出版机构外的用户提供开放存取，实现学术领域的知识及成果的共享与交流。学术出版机构在创建机构库同时也可以利用机构库中丰富的学术资源，结合自有知识资源，提高资源建设的丰富性和适用性，缓解外购知识产品的经济压力，降低版权限制，提高知识共享。

7.4　学术出版知识服务平台知识加工存储模块

所谓加工存储，是指对学术出版机构获取的海量知识资源根据统一的标准和规范进行有目的的分析、鉴定、筛选、标识等结构化加工整合，建立知识库，通过统一规范的平台管理和运作。加工存储模块可以有效提高学术出版机构对数字内容的控制能力，降低版权保护成本，真正实现所谓的"一次创建，多次使用"，为知识服务组织工作创造前提和基础。

学术出版知识库的设立应建立高效的入库机制，最大限度地减少知识冗余，提高数据检索的一致性。每一个知识库的内容应当特色鲜明，聚类清晰，结构分明，便于实现知识资源的跨库组合。加工处理层通过对知识对象进行标识和粒度分析，实现资源的整合扩展，形成适合不同层次用户知识体系的内容编排文本，简单流程如图7-3所示。颗粒化处理是指将数字化知识资源分割成独立片段的数字内容，这个数字片段既可以是一本书、一个词条，也可以是一段短视频等，不同种类的信息处理粒度分析粗细有别。

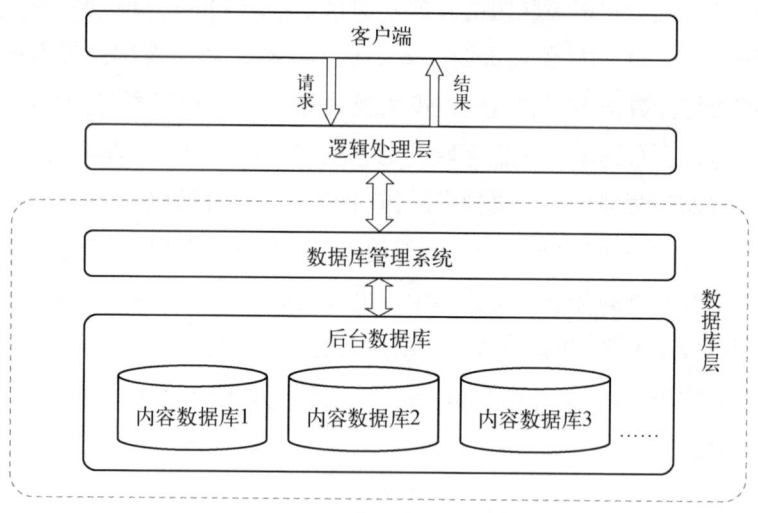

图 7-3 数据加工处理简单流程

（1）知识加工存储的技术路径

学术出版机构要实现知识资源的跨库组合，应当注意揭示隐藏在各类非结构化信息资源中的重要知识及知识关系，有意识地将新知识纳入用户熟知的知识体系中；应用新的存储技术方法，加快知识获取和推理的速度；利用新的语义索引技术，准确捕捉用户知识需求；借助文献计量软件和可视化分析软件发现新的知识关系和应用模式。具体来讲，可以从以下几方面推进。

1）统一技术标准，提高内容的表达力

学术内容表达能力是指能够揭示潜在知识，实现内容的多维呈现，从根本上提升用户的知识获取率。

统一的技术标准，是知识资源实现共建共享的基础。在学术出版机构中应逐步实现从现有数据库到标准数据库的转化，采用扩展标记语言 XML 或其他资源描述语言对知识资源进行标准化标注，以实现知识资源的标准化组织。对于知识资源的标准化标注应充分考虑用户检索和使用的习惯，尽量按照用户使用行为的逻辑性对知识资源进行分类。

XML 是国际上通用的可扩展标志性语言，具有良好的自描述性、可扩展性等优点，已经成为网络信息交换和传输的重要途径。XML 所建构的知识创造和传播环境可以对异质的多个数据源进行结构化，以统一的数据格式重现给用户，最大范围地扩展了出版机构的内容类型。同时标准化的内容，可以方便系统进行查询、插入、更新、删除等数据库操作，数据信息还能够应用于各种设备及阅读终端。因此，在学术出版的数字化知识服务中，研究和制定基于 XML 的元数据格式规范、数据加工规范，有利于数据的重复利用；研发基于 UNICODE 编码规范的文字数据加工软件和全文检索系统，有助于提升异质内容资源库的检索效率。基于 XML 为基础数据的平台还能提供完善的在线产品发行功能、按需订制（POD）、互动交流模式。上海教育出版社出版的《教育大辞典》《心理学大辞典》和《中国教育大百科全书》，是国内最具权威性的教育类辞书。目前他们通过搭建数字化公共编纂平台，利用 XML 技术将这些辞书中海量的内容进行有效的管理，可以灵活地根据用户的需求来发布特定的产品，体现了学术出版产品的数字化应用趋势。同时，XML 语言还可以解决目前学术出版数字化过程中所存在的检准率和检全率较低的情况。

其次，还需要借助 HTML5 平台标准。HTML5 是一种跨平台编程语言，其开发的内容，兼容性强，很好地避免了不同操作平台所带来的安全性和功耗等问题。基于 HTML5 的互联网应用只需打开浏览器就可直接运行，不需要添加 Flash 等功能插件，出版社可基于此开发出交互性能更好的数字化应用模式。HTML5 技术简单、迭代迅速、使得文献信息资源组织和整理的环境更加优越，用户检索、查询和阅览文献资料更加快捷方便，因此利用 HTML5 构建数字化知识服务平台是改变研究现状的重要技术手段。HTML5 标签的语义特征强，代码的语义化和结构化特征明显,可以提升关键信息的重要程度,有利于搜索引擎的内容分析与索引整理,有效提高网页搜索的查准率。另外,HTML5〈audio〉和视频〈video〉标签,可以准确定位音视频资源的存取位置,有效提升多媒体资源的查准率。HTML5 还支持检索结果的交互式展现,即搜索引擎直接呈现用户所需要的信息,而不必链接结果网页。HTML5 的音视频标签被广泛支持后,音视频格式标准统一,搜索引擎还可直接充当多媒体播放界面。因此,HTML5 将极大地推动学术出版知识服务的多媒体化。

2) 扩展元数据

元数据(metadata)是一种用来描述、解释、定位资源或帮助检索、使用和管理资源的结构化的信息。元数据是提升学术出版知识服务效率非常重要的一环,目前国内在这方面的实践还不尽规范。学术出版机构可以参考在信息资源管理领域广泛应用的都柏林核心元素集(Dublin Core)形成学术资源描述的核心数据元素,主要是内容概况信息包括名称、目录、内容简介、作者简介、关键词、价格等,然后结合资源的多媒体类型、所属专业领域特征以及具体的应用范围添加资源的扩展元素集。数字时代学术出版用户和学术出版作者之间的身份转换更为便捷,扩展元素集应注意纳入用户元数据,包括记录用户行为的数据以及用户产生的元数据如用户对内容资源的评论、标签、注解、评分、阅读情绪等。扩展元素集能有效弥补目前学术出版物分类、标引的不足,多角度标注用户关注的学术内容,最大限度降低相关人员对内容资源主观描述的影响。

3) 完善动态组字技术

在学术出版数字化过程中所暴露的字符集收字范围有限、生僻字输入困难、集外字的编码与显示困难等问题,动态组字也许是一个解决途径。动态组字是一种汉字在计算机等领域的编码理论及技术,是通过一定数量的字根部件(等同于英文的字母,但仍为表意)动态生成汉字,并显示到计算机屏幕上,使用者可以根据需要自行组字。Unicode 在 3.0 版本中定义了 IDS(表意文字描述序列)和 IDC(表意文字描述符),使得动态组字可以在现有字库的基础上,进一步扩容,解决集外字编码问题。① 同时,动态组字不涉及使用 Unicode 私用区,不会造成私用区编码冲突。IDS 和 IDC 的推出一定程度上解决了动态组字的标准化和规范化问题,使得不同组字方案之间能够相互兼容。现有软件工具可以基本实现对 IDS 形式的集外字与 Unicode 字符集新增文字进行自动比对,若两者相同,则直接将集外字的 IDS 替换为 Unicode 编码,这大大提高了资源数字化后期升级维护的效率。②

但是,IDS 只描述了文字中各部分间的关系,没有描述各部分的大小和相对位置。因此,动态组字的显示效果与实践应用要求还有一定差距。

4) 采纳 ORCID 识别码

ORCID 是世界通用的开放研究人员身份识别码,2010 年由汤森路透集团、自然出版集团共同发起,现今规模已超过 283 万个。施普林格(自然)成为全球首个要求所有作者注册 ORCID 的学术出版商。③ ORCID 提供两大服务:一是为研究者提供唯一的身份识别码,并与其研究成果建立关联;二是提供统一的开放的 API 接口方便研究者跨系统交流与认证。

ORCID 码并不仅仅用来识别作者身份,更重要的是通过作者信息、作品信息、引用信息等数据单元构建的学术科研标准可以进一步服务于后续的科研管理系统,有效提高管理的集约化水平,降低管理

---

① 高晶晶.中医古籍数字化生僻字的处理[J].中国中医药图书情报杂志,2014(3):15-17.
② 肖禹,王昭.动态组字的发展及其在古籍数字化中的应用.科技情报开发与经济,2013(5).118-122.
③ 施普林格·自然推出支持 ORCID 的新举措[EB/OL].(2017-07-26)[2020-11-16].https://www.sohu.com/a/160025448_613208.

成本。

(2) 资源整合、优化技术路径

各种类型的资源或信息差异较大,采用一种数据加工规则并不能完全解决异构资源、标准资源的整合问题。一般来讲,需要对资源分批次分类别地进行元数据化处理,然后再根据既定规则生成相对规范的数据集,在此基础上对数据集进行语义标引及关联操作,方便区分和共享。

语义标引是对文献重要内容和重要对象进行标引,是文献检索的前提条件。有效的语义标引可以提高查全率、查准率,降低资源重复建设。学术出版应对科技文献的外部特征和语义特征分别标引。外部特征即文献基本题录项的描述,包括篇名、作者(包括 ORCID 识别码)、机构、关键词、来源出版物、参考文献等信息;语义特征主要是用来表达文献知识内涵、组成文献主体符合逻辑规律的语义元素,表现为以问题、理论、假设、事实、方法、结论等科学陈述为基本形式的陈述型语义元素和以图片、表格、模型、工具、实验结果、基础数据等为代表的多模态数据型语义元素两种。对于题目信息的提取相对简单,可以将数据进行结构化或半结构化的处理;对于参考文献的信息提取则应当联系上下文。不同语义特征元素的提取应采用不同的技术处理手段,陈述型语义元素作为文字表达,可以借助文本挖掘技术进行语句切分,句法分析,语义分析等实现特征抽取、标注。因为逻辑推理性较强,目前阶段还需要进行人工干预和识别,无法完全实现自动化。数据型语义多模态元素的抽取是近年来的研究热点,不仅需要语义抽取,更重要的是需要建立与文本数据的映射关系。关联操作包括文献关联和对象关联,文献关联依据语义特征关联,包括主题关联、观点相似、数据一致等方面;对象关联主要是对外部特征的关联,包括文献印证、作者合作、关键词共现等。文献关联和对象关联两者之间需要相互链接。

语义标注、知识关联为知识资源的优化配置提供了基础,也为学术出版机构开展个性化知识服务提供支持,具体还应做到:1)设立主题词表。主题词表设立是对用户业务领域分析的结果,平台可以通过主题词表从资源共享库中抽取适合的内容。2)建构知识目录。根据用户特点和专业要求,面向用户业务领域对数据进行过滤、清洗、查重,分类标引入库,按照统一的分类标准建立知识目录,作为平台知识导航和知识抽取的依据。3)知识统计分析。知识统计分析主要提供关系化的对象数据库,对不同数据源进行分析构建特征词对象表、关系表等,在此基础上实施知识统计分析。通过比对分析、匹配关联可以辅助信息决策。

(3)用户特征收集技术路径

学术出版知识服务需要在准确提取用户研究兴趣的基础上揭示知识点与知识点之间盘根错节的联系及隐藏在各个研究热点背后的项目、人才、机构。

1)提取用户特征数据

一般来讲,与学术出版用户研究兴趣相关的知识资源主要来自大型学术数据库、网页等实体资源,它们真实地反映了学术出版用户的特征。学术数据库集成了学术出版用户正式发表的研究成果,并具体反映其研究轨迹的变化。相关网页可以追踪到学术出版用户的研究方向、关注领域、学术影响力。在此基础上,将同一属性的作者、部门、机构、群体等进行归类,建立作者、作者机构、知识单元三者之间的立体知识链,追溯与挖掘行业学科知识,挖掘优质作者资源、孵化优质内容资源。

2)确定高频特征词

从不同来源抽取的关键词表达力度不尽相同。一般情况下,相关网页对科研人员的研究兴趣简介通常粒度比较大,可作为对科研人员研究方向和兴趣的总体把握,指导后续兴趣检索式的生成;学术数据库的特征词对学术出版用户研究兴趣的反映比较具体,粒度较细,可以作为具体的研究兴趣特征词提取的来源。针对不同学科的研究人员的特征数据进行分析时,类型权重、作者署名权重、时间权重以及高频词阈值应根据实际情况进行反复调整,以获取最适当的取值。

3) 生成研究兴趣检索式

构造学术出版用户研究兴趣检索式的目的是为了在知识发现时利用这些检索式进行检索,检索式由提取的高频特征词和词间逻辑关系构成。借鉴共词分析方法的思想,①②由关注两两同时出现的词汇对③,变为关注每篇文献中同时出现的所有可能的词汇组合,通过生成特征词矩阵,提取兴趣检索式。

(4) 知识存储技术路径

知识存储应是分区存储。首先,将知识按照相关指标进行重要性分类,这些指标包括生命周期、价值性、存储及维护成本、在线与离线、使用频率、可重复性、安全性能等。如伯克利数字图书馆将资源分为档案级、服务级、镜像级、链接级 4 个级别;加拿大国家图书馆则分为档案级、服务级与链接级 3 个级别。④ 根据知识分类级别的不同,设置相对应的存储区:一是快速存储区,适用于访问频率高的知识,其区域的特点就是容错性高、响应速度快、数据可靠性强;二是备份存储区,主要是离线存储,成本低、容量大、访问量少;三是中级存储区,适用于价值性、存储维护成本、使用频率、安全要求等指标处于中级水平知识资源;

---

① He Q. Knowledge discovery through co-word analysis[J]. Library trends,1999 (1):133-159.
② 储节旺,郭春侠.共词分析法的基本原理及 EXCEL 实现[J].情报科学,2011 (6):931-934.
③ SHENG L, Li C G. English and Chinese languages as weighted complex networks[J]. Physica A, 2009(388):2561-2570.
④ 谢剑敏.泛在知识环境下高校数字图书馆发展的困境与对策[J].情报理论与实践,2015(3):45-48.

四是动态调整区,知识需求的变化、老化周期的发展,要求知识存储系统必须具备知识迁移功能,动态实现各存储区域的存储平衡。

7.5 学术出版知识服务平台知识服务模块

知识服务层主要面向平台用户提供知识需求输入、结果输出等服务,包括出版物信息发布、检索、导航、推送、采购及自助式出版物编审出版等服务,还包括知识推送、知识地图、知识咨询、知识图谱、解决方案、网络课程等个性化知识服务。

(1) 知识推送

利用在用户特征收集阶段所形成的高频兴趣检索式对相应的专业数据源进行检索,获取与用户研究兴趣相匹配的信息并进行索引,存入知识发现数据库。再通过序号、题名、作者、关键词、摘要、来源链接等进行知识索引。经过对各个检索式检出的结果进行合并去重,按照检索式的加权频次进行排列,实现相关推送文献的整体呈现。最后,针对每一服务对象,设定时间间隔,定期利用其高频兴趣检索式重复知识发现的过程,则可实现跟踪推送服务,具体过程如图7-4所示。

学术出版用户通过知识呈现模块可以直观地认识自己的研究兴趣,并进行补充和修正,同时对推送的相关知识有一个大体的了解。学术出版机构通过观察用户对推送的内容的判断和取舍,进一步促进个性化知识服务模型的完善。

(2) 知识咨询

知识咨询依据搜索引擎理论,可实现学术出版机构与用户之间的互动。用户可以提问,可以回答,学术出版知识服务人员将问题整理归档,有助于发现新知识。平台针对知识咨询为用户提供知识收藏和多种社交平台转发分享功能。主动为行业用户提供个人的学习空间,针

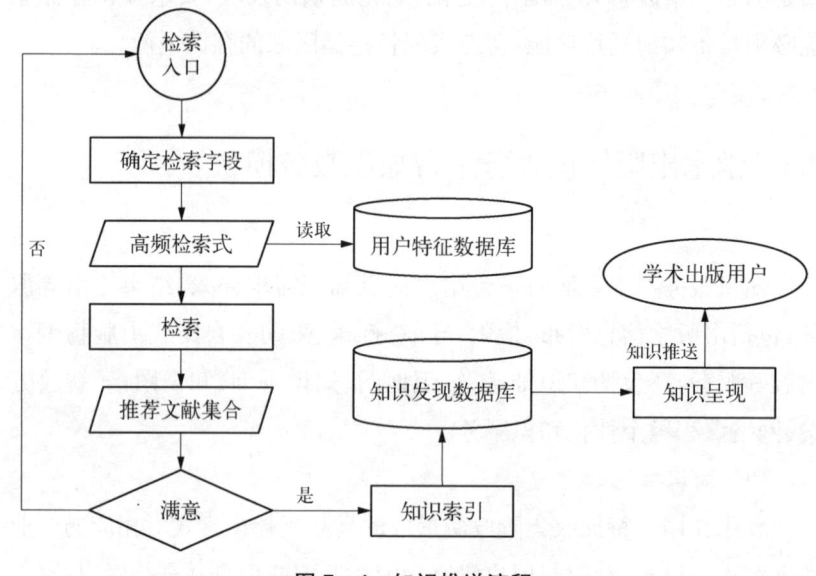

图7-4 知识推送流程

对个人知识盲点分类整理所需知识。知识咨询用户可分为3种类型：普通用户、行业专家和嵌入式知识服务人员。普通用户分享一定数量问题获取一定积分后，通过知识服务人员的审批和验证，升级为行业专家。行业专家在享有较高权限的同时也要履行一定义务，即对每一位分享的用户进行评审，同时就分享的知识内容的质量进行专家评分并回答高端问题。

（3）知识地图

知识地图是知识服务系统的输出模块之一，可以面向学术出版用户的知识需求，准确揭示不同知识单元之间的动态关联。对概念和知识关联的切实分类描述，方便用户查询知识系统中的知识存量、结构、功能并准确定位，是用户进行自我知识管理的重要手段。学术出版机构利用知识地图功能可以帮助用户有效提高知识共享率，节约查询成本，发现"知识孤岛"之间的联系，完成知识资产的评估与整合。知识地图功能的实现有赖于强大的数据统计分析工具。大数据环境下充斥着大量粗糙的噪声数据,而且是异构和多媒体的,提高知识服务质量首先要保证数据质量,基础在于数据清洗。针对大数据的多维度,应根据知识的概念层次设置清洗方案,提高清洗效率。在此基础上利用 SPSS、Intelligent Miner、DB Miner、SAS Enterprise Miner、Statistica Data Miner、Mine Set、Answer Tree、Clementine 等软件进行数据挖掘,利用 Gephi、Pajek、Aureka、SciVal Spotlight、CiteSpace、VOS viewer、Ucinet、Netdraw、OmniViz、RefViz、Bibexcel 等软件进行数据可视化分析,创建知识图谱,为用户提供直观的量化参考。

(4) 知识共享

知识共享是指通过沟通交流将自己的知识(主要是指隐性知识)外化、为他人所吸收,并且内化他人所外化的知识,促进对知识的分享、理解以及进一步的创新。[①] 知识只有在不断地分享、应用过程中才能创造经济价值,产生社会效益。学术出版知识服务面对专业化的受众群体、高附加值的知识产品,优化知识服务质量应当唤醒潜在的沉默状态的知识价值,大力推动知识共享。

大量知识存在于人们的头脑中,如何释放这些知识是一项重大的挑战。开放互助信任的文化环境,有利于知识的交流与共享。学术出版机构不仅要关注外部知识共享,还要认识到,知识服务人员内部共享意识也发挥着关键性作用。知识共享的实现不能停留在理念层面,它需要技术支撑。近年来,学术出版机构对于科研人员之间便捷且合法的知识分享领域的投入不断加大,如施普林格推出的易分享(ShareIt),2014 年被全球学术与专业出版者协会(ALPSP)授予出版创新奖。借助知识分享,作者可以将文章转载到社交媒体平台、个人博

---

① NANCY M D. Common knowledge: how companies thrive by sharing what they know[M]. Boston: Harvard Business School Press, 2000.

客和数据仓储平台上,加上浏览或全文阅读的链接,即可轻松完成。随着知识共享活跃度的不断提高,未来面向用户知识共享的服务将朝着更加智能和个性化的方向发展。

(5) 知识创新

知识创新以用户需求为导向,转化知识财富为社会服务,最终实现"知识创造价值"的核心目标。知识创新可以是现有知识的再创新,也可以是现有知识的直接传播,还可以是成果的直接转化。

学术出版是反映科学技术发展动态、方向和水平的风向标,也是储存、报道、传播、交流和显示当前学术研究成果的综合窗口。这些学术成果中不乏一些国内外重大项目成果,作者也很可能是相关学科研究的领路人,提出的新理论、新观点、新方法在推动社会科学技术进步的基础上攻克了一些实践瓶颈。因此,创新性是学术出版传播知识,将其转化为生产力是推动社会进步的原动力。要求作者提供有价值的知识信息的同时必须要向用户提供更有价值的知识信息,这种良性循环避免了用户的重复劳动,激发了知识创新的可能性。同时,大量知识创新成果的积累,不断丰富着内容资源库,大大提高了知识再创新的速度。

(6) 定制服务

学术出版的"定制服务"通过对专业化内容资源的有效整合,从不同的知识库中提取、集合用户可能感兴趣的内容,提供最新的研究成果,满足不同程度的专业化需求,一定程度上加速了知识的转移。如施普林格的专业类期刊数据库根据专业细分共收录 11 个学科领域的期刊,为了保证精准的定制服务还建立了严格的同行评议制。① 在定制化服务形态中值得关注的有两种:(1) 数字化决策工具。励德爱思唯尔首席战略官白可珊女士在 2014 北京国际出版论坛上曾指出,"专业

---

① 孙述学.中国数字出版如何立起来、走出去[N].中国新闻出版报,2013-08-29(6).

出版的未来是开发数字决策工具"。所谓"数字化决策工具"就是指整合优质的数字化内容,通过技术进行分析,为专业人士提供解决方案和重要见解。目前,爱思维尔比较成熟的数字决策工具如科研绩效评价与决策工具 SciVal,可对科研机构的绩效进行分析,并为学术机构的领导人提供决策服务;以及整合了大量医疗研究和案例数据的 ClinicalKey 产品,可为医生快速提供最优治疗方案。①(2)移动服务 APP。依托微信、微博等社交网络平台,采取模糊匹配、语音回复等方式,提供个性化的知识解决方案,如法律出版社研发的手机律师产品。

7.6 学术出版知识服务平台版权管理模块

(1) 确保授权严格

在内容构成核心竞争力的时代,知识产权管理受到了前所未有的关注。学术出版机构可以通过数字版权管理(Digital Rights Management,简称 DRM)系统对内容的使用进行控制,依靠数据加密、访问控制、身份认证、密钥管理等一系列技术手段,只允许得到合法授权的用户才能使用相应内容。

DRM 系统采用密码学原理,将数字化学术内容进行打包、加密,使之成为标准 DRM 内容格式的密文。这种密文必须利用相应的密钥解密后,才可以反转为人类感官能够辨识的信息内容。数字化学术内容上网之后,DRM 系统能够控制用户对该内容的访问。用户如果要查阅某种内容,必须先向 DRM 系统的"许可证管理"子系统提出申请并履行一定手续(如付费),才能得到密钥和授权证书,系统同时自动将

---

① 白可珊.爱思唯尔未来十年转型新方向 开发数字决策工具[N].中国出版传媒商报,2014-08-26(6).

用户的身份信息和终端设备信息记载在案。用户上网查阅使用某种内容时,DRM系统首先根据由用户所登录的"DRM代理"子系统发来的密钥、用户身份及其终端设备信息,判断该用户是否有权使用这种数字化内容。如果结果为"否",系统就自动拒绝用户的登录请求;如果结果为"是",系统便自动创建版权对象。版权对象的作用是根据授权证书的描述对有关内容的使用权利进行限定。版权对象中会包括内容密钥,以保证用户只有拿到了其中的"钥匙"才能开启对应的内容。版权对象本身也由DRM系统进行加密,以防止他人非法修改授权的种类和范围。在版权对象创建后,系统应用户的请求将有关内容打包,与版权对象一起通过一定的机制、一定的形式传递给"DRM代理"子系统,再由"DRM代理"解析、解密内容并提供用户使用。这个过程大致上如图7-5所示。

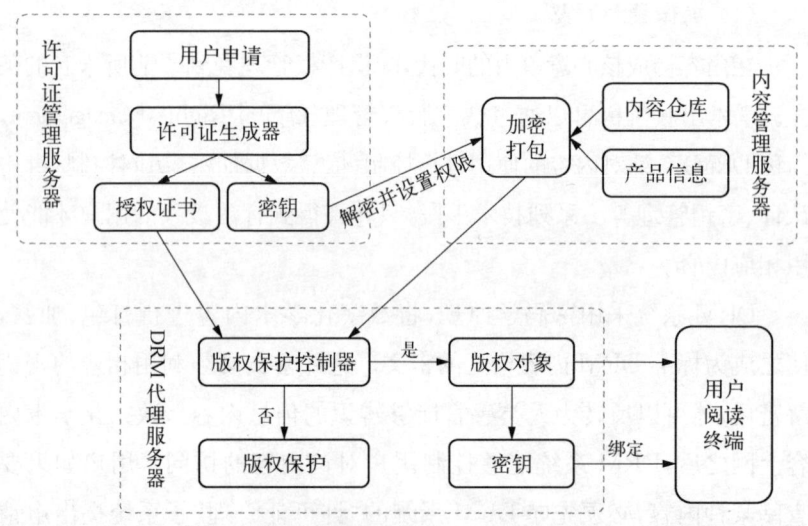

图7-5 DRM系统对数字化学术出版物的授权控制过程

由图可知,学术出版机构将数字化的学术出版物传输给获得有效授权的用户时是"一对一"地严格定向的,授权过程相当严密。传输过程中承载数字流形式产品的临时物质载体是电流、光电波或电磁波,而传输过程一结束,相应的编码数字集合体在临时物质载体上就不再存在,任何第三方都不可能接触到。至于在用户自备的终端设备上,相应的数字化学术出版产品是仅仅临时存在还是可永久存储,学术出版者利用数字技术都可实现有效控制。这就可以有效地保证使用数字化学术出版产品的用户都是获得合法授权的,从而保证著作权人和出版者的利益不受侵害。过程虽然繁复,但因为都是由计算机系统自动完成的,不需人工处理,并且数据量小,所以速度很快,营运成本也非常低廉。

(2) 利用区块链技术做好全过程监控

区块链技术是比特币技术应用的底层技术,是一种分布式数据库,通过去中心化、共识信任的方式,集体维护一个可靠的数据库。"去中心化"是指整个网络不存在中心管理机构,各节点间权利义务对等,任意节点的损坏或灭失都不会威胁整个系统的正常运作;"共识信任"是指整个系统遵循公开透明的运行规则,所有数据的记录与传递使用非对称加密和哈希算法来确保真实、不被篡改,从而促成系统各节点间达成一致信任;"集体维护"是指系统中的数据块由系统所有节点共同维护,运用分布式数据库技术方便每个参与节点都能及时获得一份完整的数据拷贝。

区块链包含四项基础技术。

1) 哈希算法(SHA256),作为 SHA-2 的分支,2001 年由美国国家安全局研发,美国国家标准与技术研究院(NIST)发布。SHA256 能够对任何一条录入信息赋予一个 256 位的哈希值,相同的信息输入得到相同的结果,信息稍有变化都会得到不同的哈希值。

2) 非对称加密,是基于椭圆曲线加密技术的公私钥来实现。通过非对称加密有利于形成构建网络节点间在匿名环境下的共识信任。公私钥之间具有极强的相关性,公钥加密的内容,对应的私钥才能解密;私钥加密的内容,也只有对应的公钥才能解密。通过非对称加密及哈希算法,信息在整个平台的传输过程如图 7-6 所示。

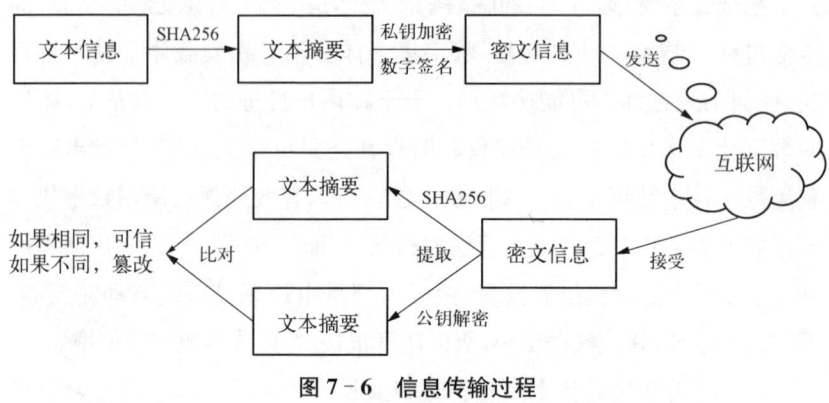

图 7-6 信息传输过程

3) P2P 网络(Peer-to-peer network,对等式网络),区块链系统一般采用此种网络形式来组织散布于全球的参与数据验证和记账的节点。P2P 网络中的各个节点以扁平式拓扑结构相互连通和交互,不存在任何中心节点或层级结构,每个节点均应承担网络路由、验证及传播区块数据、发现新节点等功能。

4) 工作量证明机制(Proof of Work,简称 PoW),是指系统为达到某一目标而设置的度量方法,其本身是一个经济学名词。为了抵挡服务攻击和网络爬虫,此概念在 1999 年引入计算机体系。区块链运用 PoW 技术的核心思想在于引入分布式节点的算力竞争来保证传输数据的一致性和共识信任的安全性。

(3) 基于区块链的数字版权管理模块设计

引入区块链技术对于数字版权的保护是非常有利的。区块链具有不可篡改的特性,可以完整记录作品的所有变化过程,有利于实现版权交易的透明化,版权交易对手方购买版权时不用再怀疑每一笔交易数据的真实性。区块链中的智能合约,可以自动规范所有权利的行使和追溯,降低确权成本,提高交易效率。区块链中共识信任的特点,可以方便作者在统一平台上管理所有的细分版权授权情况,为作品提供更好的曝光机会和交易机会,平台侧链会详细记录用户的每一次付费、阅读及观赏行为,用户据此付费,平台也据此来支付版权所有者。综上,构建基于区块链的数字版权管理子平台,对于解决我国数字版权保护面临的"确权难、收益难,维权难"等问题是非常有利的。数字版权管理子系统(图7-7)集确权和交易于一体,包括资源层、分析层、网络层、共识层、合约层和应用层,主要有账户区块链、版权区块链和交易区块链三条区块链架构,每一条区块链都由不同的模块构成,实现不同的模块功能。

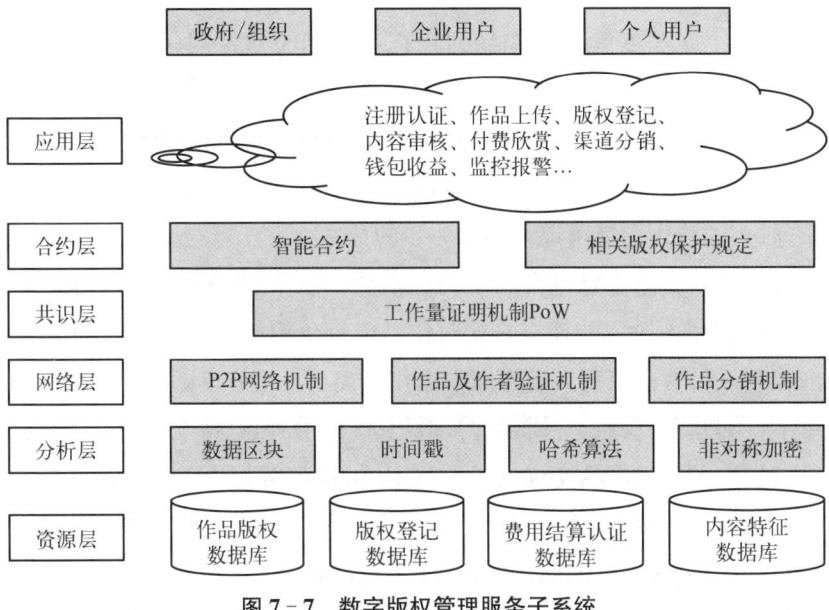

图7-7 数字版权管理服务子系统

账户区块链主要包含两个功能模块:1)用户注册模块。用户想要获得版权管理服务首先需要登录平台进行实名注册,并提供相应的身份证件号码或者企业营业执照号码,便于平台审核认证。2)钱包模块。用户可以随时查看自己作品的分销收益,并且可以根据平台合约进行充值提现操作等。

版权区块链主要包含四个功能模块：1）作品上传模块。作者在登记注册后，可以上传自有版权作品，包括文字作品、图片作品或者视听作品等。2）版权登记模块。如果权利人上传的版权作品已经在中国版权保护中心进行过版权登记，可同时上传版权登记证书，系统会自动将 DCI 码嵌入作品的数字证书中。如果用户还没有进行过版权登记，可以通过平台直接进行版权登记，即创作者将自己的原创作品及相关协议上传至区块链，平台会生成此作品文件的哈希值，此加密哈希值会一直跟随版权交易，当一笔交易被其他节点打包到一个区块后，该区块的时间戳就成为该文件的时间戳。至此，一张哈希值＋时间戳的数字证书，一定程度解决了作品的存在证明和时效性问题。3）授权模块。作者将作品上传成功后可以自行设置对该作品的授权方式，设置分销渠道、分销价格及分销规则，同时作者也可以独立分销。4）内容审核模块。平台对作者上传的身份证明，版权证明及相应作品进行审核通过，这样作品就可以开始进一步的分发。

交易区块链主要包含五个功能模块：1）渠道分销模块。平台可以根据权利人设置的授权方式对作品进行分销推广，并根据分销收益向权利人付费。权利人也可以根据作品类型一键分享到适合的社交媒体平台如知乎、头条、豆瓣、微博、微信、优酷等等，这样全方位立体化的分销加大了版权作品变现的可能。2）付费欣赏模块。内容需求方可以直接登录平台点击感兴趣的作品标题也可以通过其他社交媒体平台链接进入，进入作品的原始信息界面，内容需求方可以清晰地看到具体的版权和授权信息，在线支付相应授权费用之后就可以获得授权欣赏了。整个过程看似简单，但授权和交易都已经被写入了区块链中并不可篡改。在此模块中，内容需求方获取了想要的内容，内容生产者的价值获得了认可。3）智能合约模块。它其实是一种计算机程序，即当事先设计好的条件被触发时，自动执行既定合约条款的计算机程序。在数字版权服务管理平台上，版权作品的上传、点播、转发、支付等过程都由智能合约自动执行,分销奖励规则、运营管理费、平台费和税费等具体条款也由智能合约自动执行。4)数据统计模块。这个模块可以实现平台和不同用户之间的清结算、对账及人员管理功能。5)监控报警模块。监控报警模块可以实时全平台侵权监控,并自动完成侵权证据的固化保全,及时通知权利主体,便于权利主体进一步采取相关的法律措施。

7.7 学术出版知识服务平台出版服务模块

出版服务和知识服务并不是割裂存在的。学术出版机构可以通过自身专业的、权威的出版服务对用户进行引流,吸引用户采纳全方位的、线上线下相结合的知识服务。

(1)拓展出版物营销渠道

专业化的学术出版社受众范围小,但是受众黏度高,所以学术出版机构要想盈利,应当积极拓展营销渠道紧密联系受众需求。传统的出版物营销渠道从短到长,大致分为直销、一级渠道、二级渠道三类。直销是由出版机构直接将出版物信息传递给用户,并通过邮购、上门推销等方式实现销售;一级渠道包括一个销售中间商,一般为零售店;二级渠道包括一个批发商和一个零售商。从营销渠道理论看,如果市场客户数量少,且目标相对集中,则宜采用短渠道策略。因此,传统的学术出版物营销宜采用直销和一级渠道方式。直销方式最直接、有效,但其成本较高,并且出版机构必须掌握大量专业用户数据。一级渠道方式一般选择图书馆馆配服务机构、大型零售书城及建筑、化工、外语等各类专业特色书店作为中间销售商。

在数字时代,学术出版机构一方面可以在自有知识服务网络平台进行直销,另一方面,还可以充分利用数字化出版物的特点拓展营销渠道,与一些主营信息技术应用开发的企业合作,将学术出版物主动推送给目标用户。我国目前有以北大方正等为代表的数字图书馆发行模式、以清华同方等为代表的数据库包库发行模式、以知乎等为代表的移动阅读终端发行模式、以阅文集团等为代表的全媒体出版发行模式等。学术出版机构要与这些企业建立旨在双赢的合作关系。目前在这方面亟须妥善解决的问题,是建立合理、健全的利润分配机制,让内容生产方在数字出版物的发行上能够获得可观收益。

(2) 全方位立体化服务

学术出版知识服务平台还应注意开展立体化的出版服务模式。1) 微博链接。学术出版机构可以根据微博上用户对新出版物的反应,运用低价、推荐、书评等策略推动销售,同时也可运用交叉指向等方式将用户引入长尾市场。出版机构还可以运用微博推动远程出版、按需出版、实时出版、数据库出版等一批崭新出版形式的实现。2) 微信嵌入。微信公众平台依靠腾讯强大的用户基数,从其面世之初就广受关注。微信公众平台是一个开放的平台,提供强劲的 API 接口技术,公众号可根据需要在自身的服务器上开发和接入相关应用,如自定义菜单、对接相关业务系统等。通过二次开发,出版社可在微信公众平台上为用户提供更多、更全面、更方便快捷的移动服务内容,例如可接入出版社的官网、官方微博或者是出版社的图书查询系统,用户管理系统、特色数据库等等。用户也可通过公众号直接参与读者社群的交互,获取最新书评,完成购买运送等等。如北京大学出版社会在推荐好书新书的页面下方通过"阅读全文"直接链接到该书的亚马逊购买平台,广东旅游出版社在每篇信息的末尾都会标注出版社的官方微博及豆瓣网的用户群链接。这样不仅锁定了用户的需求,让用户主动"上门"关注,提高用户对出版社公众号的依赖性;另一方面也将出版社公众号由一个媒体型的消息工具转化成提供服务的产品。学术出版机构可以通过微信平台和用户建立私密社交,打通与每个用户的现实社交网络,以朋友关系链构建用户群体,并不断扩展到新加入的人员,从而实现跨平台、跨人群、定点周边用户的多极化传播。3)网上试读、借读。学术出版机构可以通过推出体验性电子阅读的方式实现实体出版物的促销。例如亚马逊对购买电子书者,授权可外借 15 天;巴诺书店对购买其纸质书的,授权外借电子书一定期限,如果延期,就需付费。Overdrive 通过在会员图书馆的网站建立链接,推广电子书。

(3)打造智能出版,推动知识付费

风靡全球的 VR 技术带动了出版领域的革新,VR 出版、A‐VR 出版等智能出版模式不断试水。用户可以佩戴头显设备置身于全新的互动阅读体验中。出版物上的二维码充当了虚拟与现实之间的链接按钮,随刊一扫,用户就进入一个虚拟的环境中,音乐、图像 360 度环绕。目前,VR 出版还有很多瓶颈:传统的编辑人员对于哪些种类的出版物适合做 VR 出版并没有一个充分地认识,同时他们对于制作方面的技术和成本控制也没有经验,客观上造成了 VR 出版中精品内容的缺失;另外,VR 技术在目前来讲还处于一个成长期,在技术缝合方面、解析度、分辨率、延时、帧数、自由运动等方面还需要进一步完善以达到人体眼部要求;同时,VR 作为一项新技术,在互通性、功能、性能等方面国内还没有统一标准,标准的不统一,会造成软硬件之间无法实现互联互通。

VR 出版天生和学术出版相匹配,AR、VR 技术能让学术出版物上枯燥的、难以理解的内容"活"起来,激发读者的学习兴趣,增强读者的学习能力,这无疑将在未来的学术出版知识服务应用层面上打造一片广阔的蓝海。VR 技术将为各领域读者带来新的体验,如:建筑领域读者可通过实景交互对建筑物外部结构及内部设施进行 360 度的立体化研究;医学领域读者可以"身临"解剖室、手术室等现实研究中不可能随时进入的学习环境;旅游领域读者可在制订旅行攻略时轻松地"置身"旅游景点,"现场"选定住宿酒店,实时分辨交通路线等;法律领域读者可以"亲临"法庭审理现场,倾听双方质证辩论,增强代入感及参与感,加深对法律条款的理解。

通过 VR 技术和定位技术可以将读者接入实体书店,可以让读者聆听一场虚拟的专家讲座,观看一场虚拟的文艺展演,切身体验其中情景。学术出版机构应当借助 VR 技术,结合自身的作者资源优势、内容资源优势、专业口碑优势,进一步实现线上线下融合发展,推动知识服务有偿化。

7.8 本章小结

本章在开放科学的大背景下,基于知识链理论,研究学术出版知识服务能力和学术出版知识服务具体的实施路径,设计了包含三个层面(知识获取层、加工存储层和知识服务层)的学术出版知识服务平台,并详细分析了每一个模块的功能价值和实现路径,创新性地引入语义出版、区块链版权保护、VR 出版等一些新型业态模式。

第八章
研究结论与展望

8.1 研究结论与讨论

8.1.1 研究结论

(1) 用户接受学术出版知识服务的影响因素

本研究借助经典的技术接受模型拓展构建了学术出版知识服务接受模型,从中找寻并验证用户接受学术出版知识服务的影响因素,具体结论汇总为表8-1。

表8-1 研究假设检验结果汇总表

假设编号	假 设 内 容	检验结果
H1	感知有用性正向影响行为意愿	支持
H2	感知易用性正向影响行为意愿	不支持
H3	感知易用性正向影响感知有用性	支持
H4	相关性正向影响感知有用性	支持
H5	相关性正向影响感知易用性	支持
H6	相关性正向影响沉浸体验	不支持
H7	系统可及性正向影响感知有用性	不支持

续 表

假设编号	假设内容	检验结果
H8	系统可及性正向影响感知易用性	支持
H9	系统可及性正向影响交互性	支持
H10	系统可及性正向影响评价权威性	支持
H11	用户的沉浸体验正向影响感知有用性	支持
H12	权威评价正向影响感知有用性	支持
H13	交互性正向影响感知有用性	不支持
H14	用户的创新性正向影响评价权威性	支持
H15	用户的创新性正向影响行为意愿	支持
H16	行为意愿正向影响实际行为	支持

用户最终接受学术出版知识服务的实际行为受到行为意愿显著的正向影响作用,受到感知有用性的间接影响作用最大,紧随其后的是创新性、评价权威性、相关性等。

(2) 学术出版知识服务过程机制保障作用

本研究运用系统动力学方法分析及仿真模拟了学术出版知识服务过程,在此基础上分析知识服务机制、知识服务情景化在整个过程中的重要影响作用。

1) 学术出版机构运用先进技术提升知识服务技能,可以不同程度地提升学术出版的知识输出量、用户知识吸收量及知识创新量。

2) 完善学术出版知识服务保障机制,可明显提升学术出版知识输出量、用户知识吸收量和用户知识创新量。

3) 学术出版机构与用户之间的专业差异以及平台应用的复杂程度,对双方知识量的增长都具有正向作用。

8.1.2 研究讨论

用户采纳学术出版知识服务的行为,需要用户自身具有较强的创新特质,能够切身感受到学术出版知识服务平台对其工作学习的有用性,能够精准获取深度相关的知识资源,这些资源的作者以及学术出版机构都具有较高的专业权威性。同时,学术出版知识服务平台能够兼容不同的客户端,简洁易用、交互性强,用户沉浸式体验感强。

假设"感知易用性正向影响行为意愿"没有得到支持,这说明在学术出版的数字化知识服务中,用户的感知易用性对感知有用性存在显著影响,但是它不直接影响用户接受知识服务的行为意愿,而是通过影响感知有用性来间接影响用户的行为意愿。

假设"相关性正向影响沉浸体验"没有得到支持,说明学术出版数字化知识服务平台上内容资源数量和质量与用户知识需求的相关性会相对显著的影响用户对平台的感知有用性和感知易用性,但对用户的沉浸体验影响并不明显。

假设"系统可及性与感知有用性正相关"没有得到支持,说明学术出版数字化知识服务系统对用户来说具有重要的价值,但其价值的大小与系统接入性能好坏联系不显著。

假设"交互性对感知有用性的正向影响"也没有得到支持,说明交互性作为数字时代的一个显著特征,它更多地影响了系统可及性对于有用性的感知,其对于学术出版知识服务有用性的感知并没有那么明显。

8.2 研究建议

(1) 知识内容与技术应用相融合

学术出版机构要使用户接受并采纳数字化知识服务,除了继续打造优质内容资源外,还需要充分运用新技术新应用不断完善解决方案,让优质内容更便捷地到达消费者。信息技术的支持有效降低了学术出版软硬件资源的获取成本、加工成本以及运营成本,使得学术出版机构可以更广泛地搜集知识资源进行整合、创新,提高学术出版产品的市场占有率,完善学术出版知识服务价值链,提升知识增值利润。

(2) 创新产品形态紧贴用户需求

学术出版既可以是阳春白雪,也可以是下里巴人,要兼顾专业领域与非专业领域不同读者的接受程度,将优质资源进行模块化重组,进一步拓展定制化知识服务。从总体来看,对学术出版知识增值利润量的影响上,信息技术对知识成果共享创新的推动作用要高于对知识获取、加工成本的节约作用的影响。

(3) 传统运营与数字化运营相融合

学术出版知识服务要实现线上线下无缝衔接、内容在不同平台间的自由切换,不应仅仅停留在调整摘要、关键词、标题格式,而应结合专业特色及新媒体特性多维度开发产品,加入时效性和趣味性,进一步提升阅读学习欲望。

(4) 学术出版的权威性与互动性相融合

强烈的求知欲望是构造知识服务平台的基础,要提升用户的使用黏性,不仅要帮助用户建立对知识服务平台提供的内容资源在专业领域具有权威性的一种判断和肯定,同时还要打通编辑、作者、读者之间的交流屏障,促使他们相互启发、相互转化。

(5) 服务场景化与付费常态化相融合

知识服务要加强用户的使用感受,需要嵌入用户的专业使用场景,服务用户的业务学习目标,降低用户的时间损耗成本,帮助用户精准地建立知识管理架构。在此基础上拉进和用户的距离,进一步强化用户对于定制化的专业权威内容的付费意愿。

(6) 完善知识服务保障机制

首先,要完善安全保障机制。不光是保护用户隐私,更要注重保护资源的版权,知识服务业的发展离不开知识产权的保护,必须要提升技术手段,加强法律素养培养。其次,要完善协同合作机制。学术出版机构对用户的知识需求感知可能因为环境或技术因素,导致知识推送存在一定偏差,降低了知识服务的效率和质量,此时可以建立围绕用户知识需求的个性特征、特殊知识任务弹性变化以及对策方案解决为主线的协同合作机制。最后,要完善网络能力提升机制。通过识别机会,协调关系,开发、维持与利用各层次网络关系以获取稀缺出版资源和引导外部知识网络升级的动态能力。

8.3 研究局限与展望

8.3.1 研究局限

本研究采用了结构方程、系统动力学等方法,总体来说具有一定的参考价值,但仍存在以下不足之处:

(1) 学术出版用户的个体差异以及专业属性之间的差异较大,用户在选择学术出版知识服务的过程中考虑因素较为复杂,本研究引入评价权威性和沉浸体验两个新变量,可能难以充分揭示用户接受学术出版知识服务的作用机理。

(2) 学术出版知识服务是一个综合的复杂系统,服务过程及增值过程都会受到多方面因素影响,本研究利用系统动力学方法展开分析,纳入模型的因素有限,模拟结果可能会具有一定的局限性。

8.3.2 研究展望

随着数字技术的快速发展,学术出版知识服务的过程和行为仍然处于动态发展过程中,如何进一步提升知识服务效能,加强核心能力建设,还存在很大的研究空间。未来可考虑在以下几个方面继续深入研究。

(1)随着学术出版数字化转型的不断深入,未来可以获取更多有价值的专业用户行为信息,将其纳入量化研究之中,能够更加全面地分析学术出版知识服务实践运作的主要影响因素。

(2)学术出版开展知识服务必须从本质上融入互联网开放、共赢的根本属性。未来如何结合知识链与价值链打造嵌入式知识服务,如何借助语义技术进一步强化知识分析、知识关联,提高知识服务到达率,这些问题都具有很高的研究价值。

(3)学术出版知识服务离不开版权保护,本研究虽然创新地设计了基于区块链技术的数字版权管理服务模块,但在实务操作层面仍然面临一些挑战。版权认证标志统一问题、安全性问题、延时问题、资源浪费问题等实际问题的解决都具有很高的研究价值。除此之外,未来区块链技术在学术出版的同行评议、学术不端行为治理、影响力评价、科研的可重复性方面都具有很高的研究价值及应用前景。

附录 1
学术出版知识服务研究调查问卷

尊敬的先生/女士:

您好!

为了更好地了解学术出版知识服务平台设计架构的情况,对读者使用学术出版单位资源及服务的影响因素进行分析,我们诚挚地邀请您在百忙之中为调查提供以下问题的答案。

我们承诺对您的回答予以保密并妥善保管,所有数据仅供学术研究之用。

非常感谢您的支持!

第一部分　基本信息　请在答案选项的□内打钩或涂色

A1. 您的性别是:

　　A□男　　　　　　B□女

A2. 您的年龄属于下列哪个年龄段?

　　A□18 岁以下　　　B□19—24 岁　　　C□25—30 岁
　　D□31—45 岁　　　E□46 岁以上

A3. 您的职业或身份属于下列哪一类?

　　A□学生

B□各类专业技术人员/教师/医生/律师

C□政府机关/党群组织工作人员

D□各类企事业单位工作人员

E□商业、服务业人员

F□其他

A4. 您的学历属于下列哪一项？

　　A□高中及以下　　　B□大专　　　　　C□本科

　　D□硕士　　　　　　E□博士

A5. 请问您过去一年的月收入属于下列哪一项？

　　A□3 000元以下　　　B□3 001—5 000元

　　C□5 001—7 000元　　D□7 001—10 000元

　　E□10 000元以上

A6. 请问您获取专业知识的途径主要是下列哪一项？

　　A□购买纸质图书　　　B□图书馆借阅

　　C□购买电子书　　　　D□上网检索

A7. 请问您上网检索专业知识的频率属于下列哪一项？

　　A□每天一次　　　　　B□每天不止一次　　　C□每周一次

　　D□每周不止一次　　　E□每月一次

　　F□每月不止一次　　　G□一个月也不到一次

A8. 最近三个月您是否访问过有关学术出版的数字化平台（如知网、万方知识服务平台等）？

　　A□是　　　　　　　　B□否

第二部分，对于学术出版数字化营销平台（如知网、万方知识服务平台等）以下各项描述内容，您的态度是：（请在相应的位置打√）

	1 非常同意　　2 同意　　3 一般　　4 不同意　　5 非常不同意				
PU1 使用平台可以帮助我有效获取专业信息	1	2	3	4	5
PU2 使用平台有助于我把握研究热点和研究趋势	1	2	3	4	5
PU3 使用平台有助于我提高研究效率	1	2	3	4	5
PU4 使用平台有助于我建立知识管理体系	1	2	3	4	5
PE1 我认为平台的操作并不复杂	1	2	3	4	5
PE2 我认为花费较少时间就能熟练使用平台	1	2	3	4	5
PE3 我认为平台的导航设计很实用	1	2	3	4	5
PE4 我认为使用平台进行知识管理是简单的	1	2	3	4	5
PC1 我认为使用平台有助于减少搜索成本	1	2	3	4	5
PC2 我认为使用平台进行知识管理非常便捷	1	2	3	4	5
PC3 我认为使用平台购买知识服务费用很高	1	2	3	4	5
PC4 我认为使用平台是物有所值	1	2	3	4	5
RE1 平台提供的信息资源与我的信息需求非常相关	1	2	3	4	5
RE2 平台提供的资源完全能满足我的研究学习需要	1	2	3	4	5
PR1 我认为数字化知识安全管理技术还不成熟	1	2	3	4	5
PR2 我认为数字化营销技术不值得信任	1	2	3	4	5
PR3 我担心平台泄露我的个人隐私	1	2	3	4	5
SA1 我希望使用平台不受时空限制	1	2	3	4	5
SA2 我希望使用平台不受电子设备限制	1	2	3	4	5
SO1 我认为访问平台很容易	1	2	3	4	5
SO2 我认为经常能在各类社交平台上找到从此类平台分享的学术文章?	1	2	3	4	5
MC1 我希望通过平台能够与编辑互动	1	2	3	4	5
MC2 我希望通过平台能够与其他对象进行学术互动	1	2	3	4	5
MC3 我希望使用平台时能根据自己的需要和爱好选择适合的服务	1	2	3	4	5
MC4 我希望通过平台可以随时将我的专业收获分享至社交平台	1	2	3	4	5
AE1 我认为建立权威的学术评价体系有助于学术出版的数字化建设	1	2	3	4	5

续　表

	1非常同意　2同意　3一般　4不同意　5非常不同意				
AE2 我希望我的学术成果能通过平台获得专业领域的权威评价	1	2	3	4	5
FL1 使用平台时,我感觉时间过得很快	1	2	3	4	5
FL2 使用平台时,我常常沉浸其中	1	2	3	4	5
SI1 那些影响我学术行为的人都在使用平台	1	2	3	4	5
SI2 我所在群体都在使用平台	1	2	3	4	5
SI3 周围的朋友推荐我使用平台	1	2	3	4	5
PI1 我喜欢尝试新科技产品和服务	1	2	3	4	5
PI2 使用新科技产品让我觉得兴奋	1	2	3	4	5
PI3 我比别人更早关注新科技	1	2	3	4	5
AI1 在将来我愿意持续使用平台进行知识管理	1	2	3	4	5
AI2 我希望今后经常使用平台	1	2	3	4	5
AI3 我愿意把这种知识管理的数字化方式推荐给其他人	1	2	3	4	5
UB1 我的大部分研究学习工作是利用平台完成的	1	2	3	4	5
UB2 我会主动使用平台来进行知识管理	1	2	3	4	5
UB3 我现在经常使用平台来进行知识管理	1	2	3	4	5

附录 2
知识链国内外文献可视化图表

1. 知识链(WOS)高频关键词

表 1　知识链(WOS)高频关键词

排序	关键词	词频	排序	关键词	词频
1	supply chain management	56	16	chain	8
2	supply chain	51	17	forecasting	7
3	knowledge management	51	18	learning	7
4	innovation	33	19	supply chain integration	7
5	knowledge	26	20	information sharing	7
6	knowledge sharing	20	21	game theory	7
7	management	19	22	integration	7
8	value chain	12	23	empirical research	7
9	performance	11	24	technology	7
10	knowledge chain	9	25	information technology	7
11	knowledge transfer	9	26	information	7
12	product development	8	27	collaboration	7
13	supply	8	28	knowledge flow	7
14	outsourcing	8	29	buyer—supplier relationships	6
15	knowledge acquisition	8	30	risk management	6

续表

排序	关键词	词频	排序	关键词	词频
31	strategy	6	57	knowledge innovation	4
32	trust	6	58	service	4
33	manufacturing	6	59	chain management	4
34	power	6	60	creativity	4
35	value	6	61	supply chain coordination	4
36	organizational learning	6	62	technological innovation	4
37	case study	6	63	technology management	4
38	logistics	6	64	product	4
39	systems	6	65	knowledge supply chain	4
40	resource—based view	6	66	supplier selection	4
41	exploration	6	67	reverse logistics	4
42	knowledge value chain	5	68	system dynamics	4
43	project management	5	69	operations management	4
44	open innovation	5	70	governance	4
45	value creation	5	71	partnership	4
46	industrial cluster	5	72	organizational	4
47	development	5	73	pricing	4
48	purchasing	5	74	agent	4
49	research	5	75	enterprise	4
50	supply chains	5	76	information systems	4
51	exploitation	5	77	decision support systems	4
52	data envelopment analysis	5	78	clusters	4
53	inventory	5	79	transaction cost economics	4
54	modularity	5	80	services	4
55	scheduling	4	81	supply management	4
56	system	4	82	risk	4

2. "知识链"(WOS)各年度发文量图

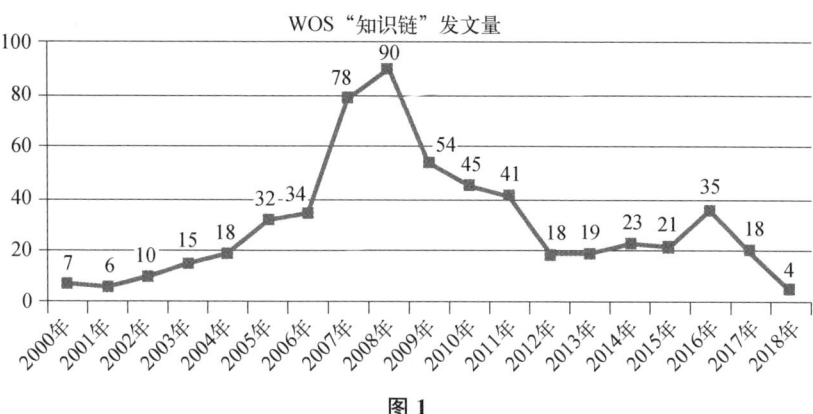

图 1

3. CSSCI"知识链"各年度发文量图

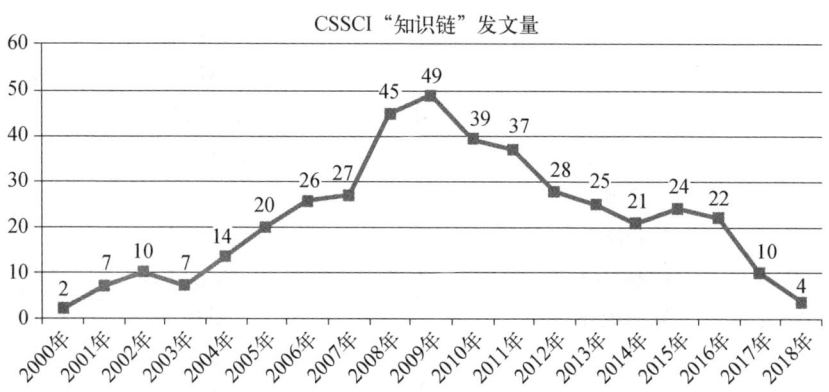

图 2

4. "知识链"(CSSCI)高频关键词

表2 "知识链"(CSSCI)高频关键词

排序	关键词	频次	排序	关键词	频次
1	知识链	173	28	知识协同	6
2	知识管理	91	29	知识创造	5
3	知识网络	23	30	本体	5
4	知识创新	17	31	合作创新	5
5	知识流动	14	32	生态学	5
6	知识共享	14	33	高校	5
7	知识链管理	13	34	社会网络	5
8	知识	13	35	ERP	5
9	图书馆	11	36	知识转化	4
10	知识管理系统	11	37	风险	4
11	知识链模型	10	38	战略性新兴产业	4
12	产业集群	10	39	价值链	4
13	模型	9	40	层次分析法	4
14	知识转移	9	41	知识活动	4
15	知识价值链	9	42	演化	4
16	创新集群	8	43	知识扩散	4
17	社会资本	8	44	案例研究	4
18	产业链	8	45	知识联盟	4
19	协同创新	7	46	信息技术	4
20	企业	7	47	知识传播	4
21	知识团队	6	48	绩效评价	4
22	知识供应链	6	49	知识生态系统	4
23	知识服务	6	50	创新	4
24	竞争优势	6	51	生态系统	4
25	核心竞争力	6	52	组织之间合作	4
26	知识优势	6	53	高校图书馆	4
27	开放式创新	6	54	冲突	4

5. "知识链"(WOS)高频关键词社会网络图谱

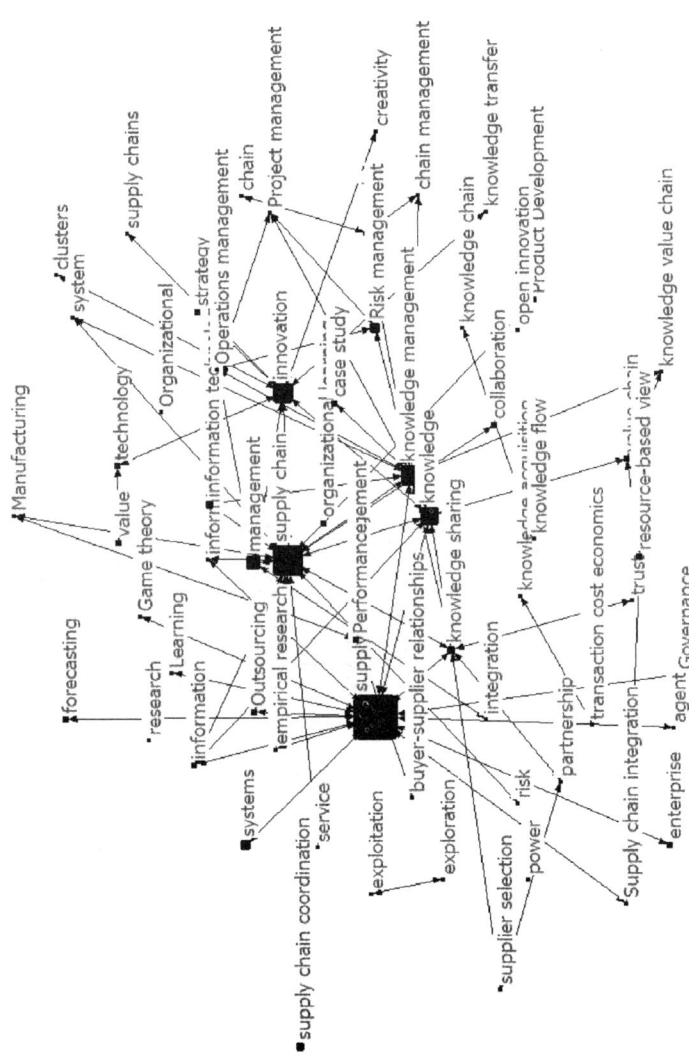

图 3

6."知识链"(WOS)多维尺度图

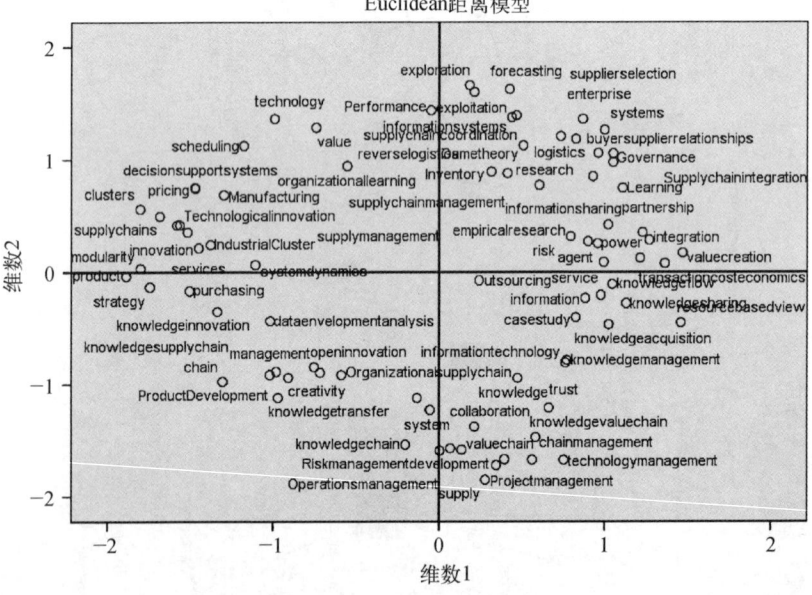

图 4

附录 2 知识链国内外文献可视化图表 · 213

7. "知识链"(CSSCI)高频关键词社会网络图谱

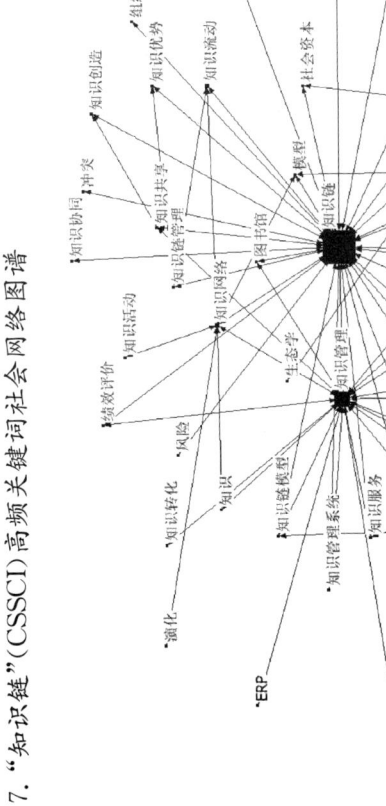

图 5

8. "知识链"(CSSCI)多维尺度图

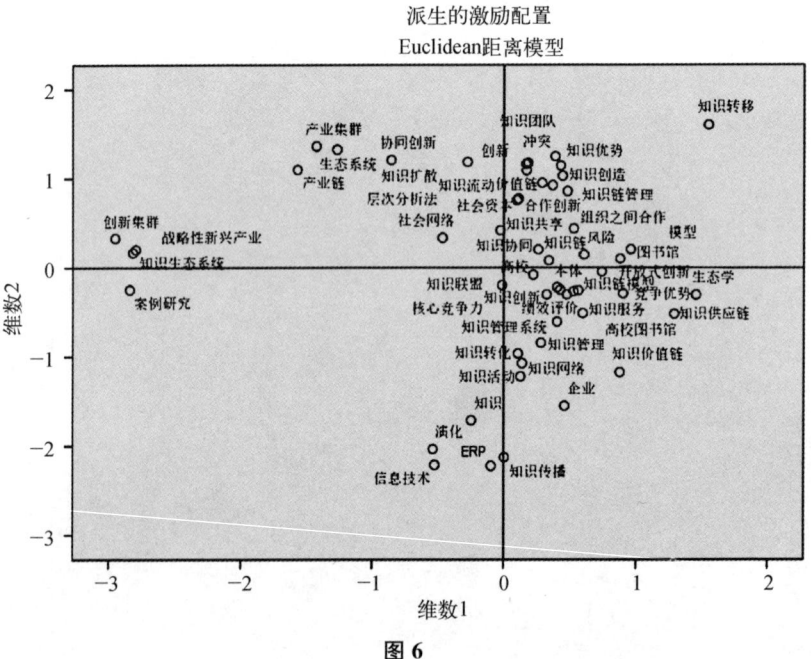

图 6

附录 3
知识服务国内外文献可视化图表

1. 知识服务（WOS）高频关键词

表 1　知识服务（WOS）高频关键词

序号	关　键　词	出现频次	序号	关　键　词	出现频次
1	knowledge management	113	18	communication	20
2	knowledge	51	19	trust	20
3	knowledge sharing	42	20	China	20
4	libraries	39	21	information literacy	19
5	innovation	32	22	information management	19
6	information	31	23	librarians	18
7	academic libraries	29	24	India	16
8	research	26	25	collaboration	16
9	digital libraries	25	26	information retrieval	15
10	management	25	27	case study	15
11	services	24	28	health care	14
12	information services	24	29	learning	14
13	internet	23	30	social	14
14	outsourcing	23	31	Web 2.0	14
15	knowledge transfer	22	32	culture	13
16	social media	21	33	service quality	12
17	e－Government	20	34	analysis	12

续表

序号	关键词	出现频次	序号	关键词	出现频次
35	ontology	12	55	IT	9
36	information systems	12	56	relationships	9
37	library	12	57	information seeking	9
38	Nigeria	12	58	user studies	9
39	public libraries	12	59	data mining	9
40	cloud computing	11	60	case studies	9
41	databases	11	61	offshoring	8
42	ICT	11	62	strategy	8
43	technology	11	63	performance	8
44	library Services	11	64	survey	8
45	knowledge creation	11	65	marketing	8
46	Information technology	11	66	health	8
47	communication technologies	10	67	knowledge management systems	8
48	systems	10	68	behaviour	8
49	Australia	10	69	social networks	8
50	qualitative	10	70	worldwide web	8
51	IT outsourcing	10	71	theory	8
52	review	10	72	semantics	8
53	twitter	9	73	classification	8
54	absorptive capacity	9			

2. "知识服务"(WOS)各年度发文量图

图 1

3. CSSCI "知识服务"各年度发文量图

图 2

4. "知识服务"(CSSCI)高频关键词

表 2 "知识服务"(CSSCI)高频关键词

序号	关键词	频次	序号	关键词	频次
1	知识服务	890	15	知识发现	21
2	图书馆	259	16	服务创新	21
3	高校图书馆	181	17	用户需求	21
4	知识管理	142	18	知识经济	20
5	数字图书馆	107	19	机构知识库	20
6	信息服务	103	20	知识库	20
7	大数据	69	21	知识服务模式	18
8	知识组织	62	22	个性化服务	18
9	学科馆员	58	23	大学图书馆	18
10	服务模式	55	24	公共图书馆	18
11	学科服务	35	25	图书馆知识服务	18
12	知识创新	33	26	学科化服务	18
13	图书馆服务	29	27	知识服务平台	18
14	本体	27	28	情报学	17

续表

序号	关键词	频次	序号	关键词	频次
29	知识网络	17	53	嵌入式服务	12
30	数字出版	17	54	知识资源	12
31	知识元	16	55	可视化	11
32	知识共享	16	56	智慧服务	11
33	图书情报机构	15	57	语义网	11
34	隐性知识	15	58	转型	11
35	知识图谱	15	59	服务	11
36	图书馆学	15	60	发展趋势	11
37	知识服务能力	14	61	图书馆联盟	10
38	参考咨询	14	62	信息资源	10
39	信息共享空间	14	63	知识服务体系	10
40	云计算	14	64	学科知识服务	10
41	创新	14	65	知识融合	10
42	关联数据	14	66	核心能力	10
43	科技期刊	14	67	知识链接	10
44	图书馆员	13	68	信息技术	10
45	知识构建	13	69	知识地图	9
46	大专院校	13	70	知识导航	9
47	核心竞争力	13	71	个性化	9
48	Web2.0	13	72	数字资源	9
49	专业图书馆	12	73	图书情报学	9
50	资源整合	12	74	影响因素	9
51	互联网＋	12	75	个性化知识服务	9
52	数据挖掘	12	76	网络环境	9

5. "知识服务"(WOS)高频关键词社会网络图谱

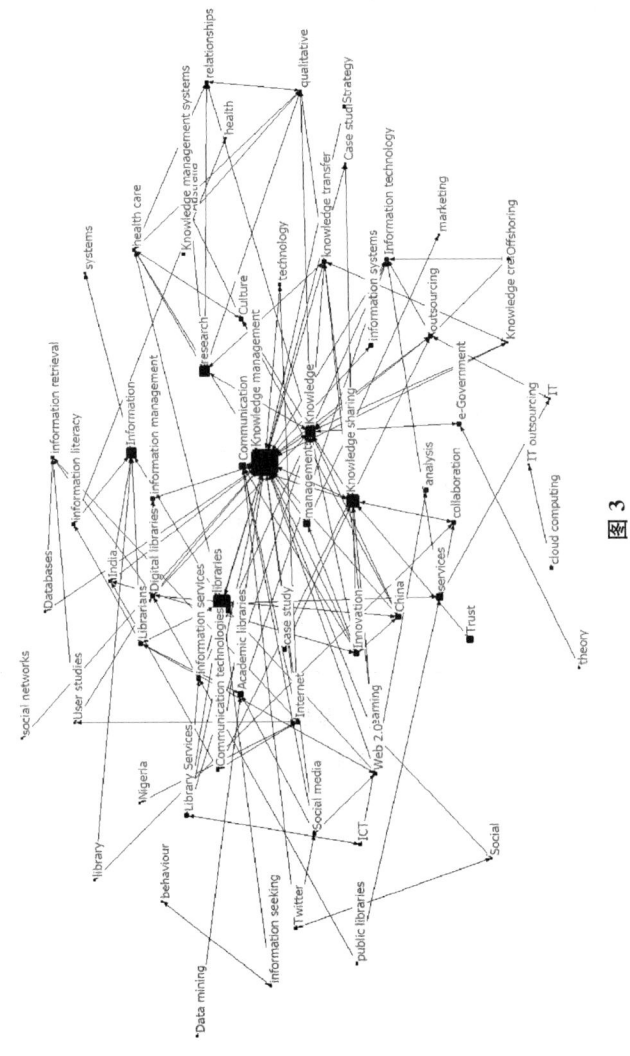

图 3

6. "知识服务"(WOS)多维尺度图

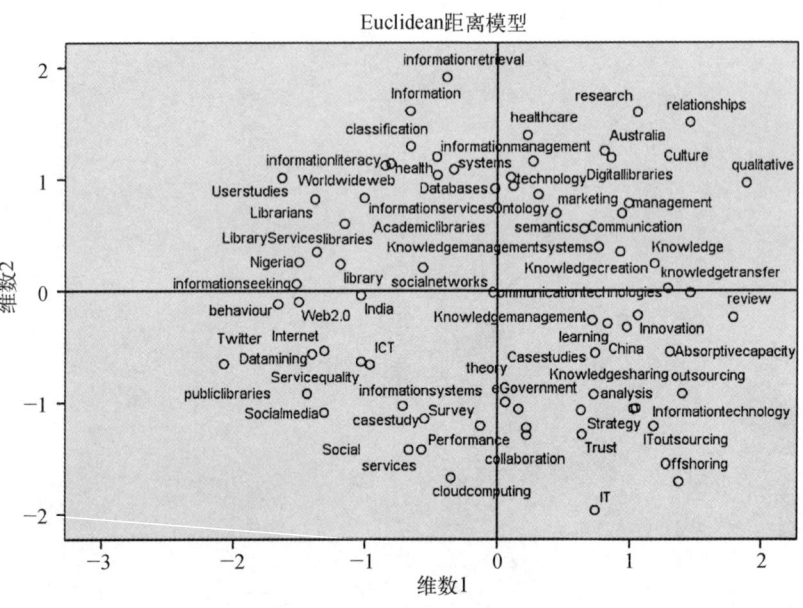

图 4

7. "知识服务"(CSSCI)高频关键词社会网络图谱

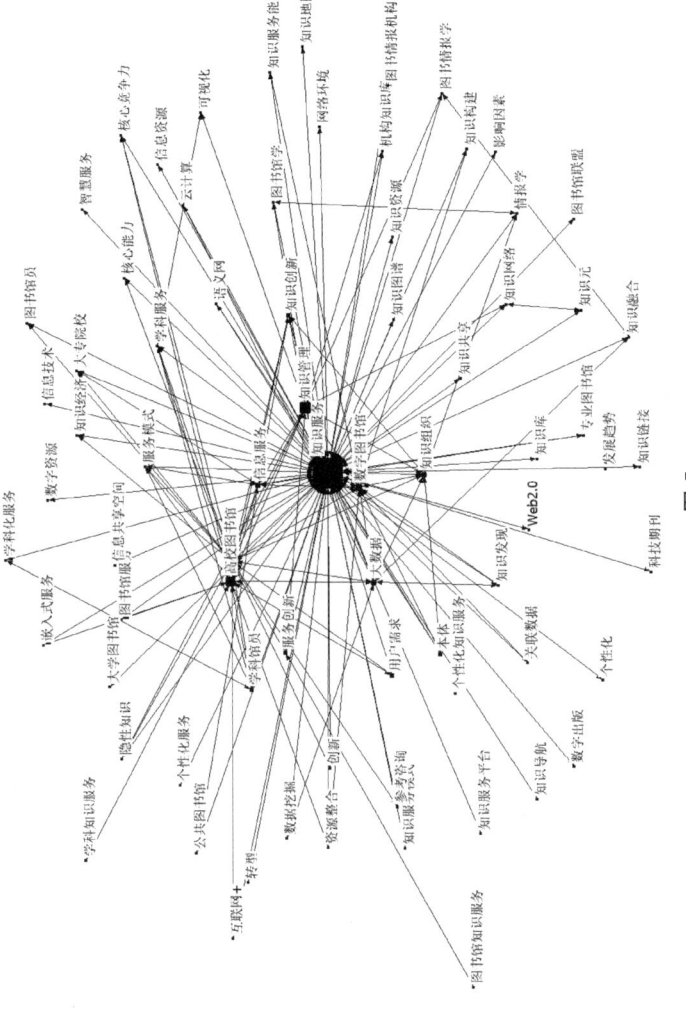

图 5

8. "知识服务"(CSSCI)多维尺度图

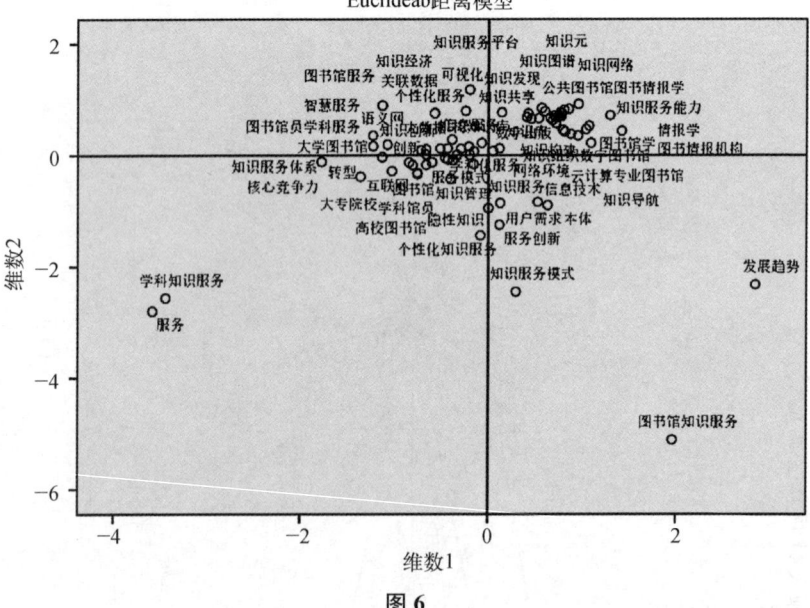

图 6

附录 4
上海市民阅读状况调查问卷(2016 年度)

尊敬的先生/女士:

您好!

为了更好地了解上海市民的阅读状况,受上海市新闻出版局委托,我们正在进行 2016 年度"上海市民阅读状况"专项调查。我们诚挚地邀请您在百忙之中为调查提供以下问题的答案。

我们承诺:问卷答案仅用于统计与分析,绝不会透露任何个人信息。

非常感谢您的支持!

"上海市民阅读状况调查"课题组
2016 年 1 月 15 日

说明:本调查中"阅读"对象不包括教科书、教辅读物,专指其他各类图书、刊物、报纸等;阅读形式包括纸质阅读和数字阅读。

请在答案选项的□内打钩,并请注意多选题的选项限额。

A1. 您的性别是:

  A□男   B□女

A2. 您的年龄属于下列哪个年龄段?

A□7—11 岁　　B□12—15 岁　　C□16—18 岁　　D□19—25 岁

E□26—30 岁　　F□31—40 岁　　G□41—50 岁　　H□51—60 岁

I□60 岁以上

A3. 您的职业或身份属于下列哪一类？

A□政府机关、党群组织、事业单位干部

B□企业领导或管理人员

C□各类专业技术人员（包括科研人员、医生、教师等）

D□一般职员/文员/秘书

E□工人　　　　　　　　　　　F□公检法/军人/武警

G□私营业主或个体劳动者　　　H□商业、服务业从业人员

I□农、林、牧、渔、水利业工作人员　J□离退休人员

K□学生　　　　　　　　　　　L□其他（包括无业人员等）

A4. 您的学历属于下列哪一项？

A□小学及以下　　B□初中　　　　C□高中/中专

D□大专　　　　　E□大学本科　　F□硕士研究生及以上

A5. 请问您过去一年的平均月收入属于下列哪一项？

A□无收入　　　　　　　B□2 000 元以下

C□2 001—3 000 元　　　D□3 001—4 000 元

E□4 001—5 000 元　　　F□5 001—7 000 元

G□7 001—10 000 元　　 H□10 000 元以上

1. 您首选的阅读方式是什么？

A□传统（纸质）阅读　　B□数字阅读　　C□两者差不多

2. 您认为何种类型的读物具有最好的阅读效果？

A□纸质读物　　　　　　B□数字读物　　C□两者差不多

3. 您在纸质阅读和数字阅读的时间分配上属于以下哪种类型？

A□纸质阅读＞数字阅读　B□数字阅读＞纸质阅读

C□差不多

4. 您每天阅读纸质报纸的时间大致多长？

　　A□15分钟以内　　　B□15—30分钟　　　C□0.5—1小时

　　D□1小时以上　　　　E□基本不阅读

5. 您每天阅读纸质图书的时间大致多长？

　　A□15分钟以内　　　B□15—30分钟　　　C□0.5—1小时

　　D□1—2小时　　　　E□2小时以上　　　F□基本不阅读

6. 您每星期阅读纸质期刊的时间大致多长？

　　A□30分钟以内　　　B□0.5—1小时　　　C□1—2小时

　　D□2小时以上　　　　E□基本不阅读

7. 您读书的目的主要是：(可以多选，不超过五项)

　　A□增加知识　　　　B□工作、研究或学习需要

　　C□掌握实用技能　　D□提高修养

　　E□满足兴趣爱好　　F□开阔眼界　　　　G□娱乐休闲

　　H□已经是个人习惯　I□增加与别人的谈资　J□其他

8. 您喜欢下列哪些种类的图书？(可以多选，不超过五项)

　　A□文学　　　　B□哲学　　　　C□政治　　　　D□经济/管理

　　E□法律　　　　F□历史　　　　G□军事　　　　H□教育

　　I□美术/书法/艺术　　　　　　J□体育　　　　K□心理

　　L□日常生活　　M□医药卫生　　N□科普　　　　O□少儿

　　P□农业科学　　Q□计算机技术　R□天文/地理

　　S□工业技术　　T□生物科学　　U□数学/物理/化学

　　V□其他

9. 您喜欢下列哪些种类的刊物？(可以多选，不超过五项)

A□新闻时政　　　B□文学艺术　　　C□人文/史地
D□经济/管理/理财　E□医药健康　　　F□女性/家庭/情感
G□娱乐/八卦　　　H□卡通漫画　　　I□旅游休闲
J□体育　　　　　　K□家居/装饰　　　L□科普
M□汽车　　　　　　N□服饰/美容/时尚　O□学术科技
P□外语类　　　　　Q□IT/通讯　　　　R□其他

10. 过去一年,您大约阅读了多少本纸质图书?(不包括期刊和教科书)

　　A□一本也没读　　B□1—3 本　　　　C□4—6 本
　　D□7—9 本　　　　E□10—12 本　　　F□13—20 本
　　G□20 本以上

11. 您选择纸质阅读的主要原因是什么?(可以多选,不超过三项)

　　A□考虑资料的权威性、学术性　　　B□需要深度阅读
　　C□需要反复阅读
　　D□材料篇幅长,信息量大,文字比例高　E□专业性强
　　F□内容查找方便　G□需携带方便　　H□无数字版
　　I□为了收藏和保存　J□成本更划算
　　K□需要记录或做读书笔记　　　　　L□其他

12. 过去一年,您自费购买纸质图书的支出大约是多少?

　　A□20 元以下　　B□21—50 元　　　C□51—100 元
　　D□101—200 元　E□201—500 元　　F□501—1 000 元
　　G□1 000 元以上

13. 影响您购买纸质图书的因素主要有:(可以多选,不超过三项)

　　A□内容简介　　B□熟人推荐　　　C□书名或目录
　　D□价格　　　　E□作者名气　　　F□出版社名气

G□畅销书榜　　　　　　　H□封面设计及外观

I□媒体的书讯和书评　　　　　　　　　　J□图书广告

K□有影响人士或专业机构推荐

L□网站、微博、微信等推荐　　　　　　　M□其他

14. 您选择数字阅读的主要原因是：（可以多选，不超过三项）

　　A□来源广，信息丰富　　B□获取便利

　　C□方便信息检索　　　　D□交互性强，跨平台共享

　　E□收费少甚至不付费　　F□方便复制和分享

　　G□生动、有趣，视觉听觉全方位的感受

　　H□更新速度快　　　　　I□可以深度阅读

　　J□难以获取纸质版本　　K□其他

15. 进行数字出版物阅读时，您使用最多的载体是：（可以多选，不超过三项）

　　A□网络在线阅读　　B□手机　　　　　C□光盘

　　D□IPAD/平板电脑　E□电子阅读器　　F□其他

　　G□从不进行数字阅读

16. 您每天（使用手机、阅读器、IPAD 等手持终端）进行移动阅读大约多少时间？

　　A□15 分钟以内　　B□15—30 分钟　　C□0.5—1 小时

　　D□1—2 小时　　　E□2 小时以上　　　F□基本不阅读

17. 您使用数字设备进行阅读，主要对象是：（可以多选，不超过五项）

　　A□时事新闻　　　　　　　　B□评论或杂文

　　C□传统/主流/经典文学作品　D□网络文学作品

　　E□财经信息　　　　　　　　F□生活信息

　　G□体育信息　　　　　　　　H□娱乐信息

I □专业资料　　　　　　　J □学习资料

K □其他

18. 您使用电子设备之后,阅读习惯是否有所变化?(可以多选,不超过三项)

   A □会有目的地选择性阅读

   B □会经常进行略读、扫读、快速浏览

   C □会任意跳跃式阅读

   D □会重点、反复地阅读某一部分

   E □会根据需要随时去查找与阅读内容相关的资料

   F □没有什么变化

19. 过去一年,您购买电子书的支出大约是多少?

   A □只看免费的　　　B □20 元以下　　　C □21—30 元

   D □31—40 元　　　 E □41—50 元　　　 F □51—70 元

   G □71—100 元　　　H □100 元以上

20. 您是否有过先通过电脑、移动终端等进行数字阅读,然后再购买相同内容纸质读物的经历?

   A □经常　　　　　　B □偶尔　　　　　　C □从不

21. 您觉得数字阅读存在的主要问题是:(可以多选,不超过三项)

   A □海量信息,庞杂而难以筛选　　B □不适合深度阅读

   C □权威性不足　　　　　　　　 D □编排质量相对粗糙

   E □易导致视觉疲劳　　　　　　 F □学习与记录不方便

   G □其他